纪念建党100周年

献给优秀共产党员们的颂歌

# 无与伦比的爱与奋斗——100名优秀共产党员的生命历程

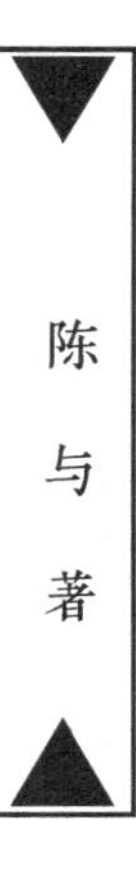

图书在版编目（CIP）数据

无与伦比的爱与奋斗：100 名优秀共产党员的生命历程 / 陈与著 . — 哈尔滨：哈尔滨出版社 , 2020.7 ( 2024.10 重印)
ISBN 978-7-5484-5320-8

Ⅰ . ①无… Ⅱ . ①陈… Ⅲ . ①中国共产党 - 模范共产党员 - 先进事迹Ⅳ . ① D263

中国版本图书馆 CIP 数据核字 (2020) 第 100627 号

书　　名：无与伦比的爱与奋斗
　　　　——100 名优秀共产党员的生命历程
WUYULUNBI DE AI YU FENDOU——100 MING YOUXIU GONGCHAN-DANGYUAN DE SHENGMING LICHENG

作　　者：陈　与　著
责任编辑：赵宏佳　赵　芳
责任审校：李　战
特约编辑：李　路　唐婷婷
装帧设计：刘昌凤

出版发行：哈尔滨出版社 ( Harbin Publishing House)
社　　址：哈尔滨市松北区世坤路 738 号 9 号楼　邮编：150028
经　　销：全国新华书店
印　　刷：北京东君印刷有限公司
网　　址：www.hrbcbs.com　www.mifengniao.com
E-mail：hrbcbs@yeah.net
编辑版权热线：（0451）87900271　87900272
销售热线：（0451）87900202　87900203
邮购热线：4006900345　（0451）87900256

开　　本：880mm × 1230mm　1/32　印张：8　字数：93 千字
版　　次：2020 年 7 月第 1 版
印　　次：2024 年 10 月第 3 次印刷
书　　号：ISBN 978-7-5484-5320-8
定　　价：59.80 元

# 每个夜晚都让我感动不已

陈 与

历史不会忘记每一个为它着上浓墨重彩的人。从 1921 年到 2021 年，中国共产党即将走过 100 年的伟大征程，我们即将迎来中国共产党建党 100 周年的伟大日子。这是中华民族走向复兴的重要节点，是我们努力奋斗下一个 100 年的胜利起点。这 100 年来，无论是在新民主主义革命时期，还是在社会主义建设时期，以及改革开放的伟大事业中，中国共产党的党员们都在用实际行动履行着初心使命。他们当中有人民永远不会忘记的方志敏、杨根思、邱少云、雷锋等英雄先烈，有共和国“最美奋斗者”李四光、王进喜、屠呦呦，还有那些在平凡岗位上创造非凡奇迹的大国工匠姚檀栋、高松，他们都是我们民族复兴、国家兴旺的精神力量。

我从他们中间选择了 100 名优秀共产党员作为礼赞的对象，他们的身上集中了人类所有的善良、勇敢、奉献、执着、敬业、创新、拼搏等精神品质，无论是在推翻旧世界的冲锋陷阵中，在为信仰真理的持久凝望中，还是在为民族复兴的拼搏与奋斗中，他们都以深刻的启示呈现出无数个角，有的聚合、有的凝固；有方有圆、有长有短、有窄有宽，每一个角都真实存在，每一种形状，都是优秀的标志。

在无数个夜里，我曾寻找他们探索真理的原动力，回顾他们为国担当责任的壮丽事迹。这 100 名优秀的共产党员，如同照亮夜空的 100 颗星星，他们是中华民族的骨骼和心跳，是中华儿女高尚灵魂的精华。他们追求的不是普通意义的小标尺、小目标、小集体利益，他们不打自己的算盘，只做国家和人民需要的事情，或轰动或平凡，或惊天动地或平淡如水。即使遇上山枯水竭、天崩地裂，或高山险峰、或低洼泥潭，他们也决不会停下奋斗的脚步，不会空虚浮绘自己的生命历程。

追求信仰是通向最高品德的原始起点。古希腊哲学家亚里士多德认为：德能够分为两种，一种是智慧的德，另一种是行为的德。前者是从领悟中得来的，后者是从实践中得来的。在生活中，这 100 名优秀的共产党员，他们每一个人的每一种行为，都有目标，虽然目标各种各样，但每一个目标最终通向的都是信仰。因为信仰是最高准则，作为主体理念，信仰必须具备知识，具备力量，具备精神。信仰是什么？无论是过去、现在还是将来，这个问题的答案一定是五花八门的，每一个人的认识很难统一标准。但这 100 名优秀的共产党员，他们的信仰就是不忘初心，不懈追求，为了目标和使命拼尽全力，或为国家，或为人民，或者平凡，或者伟大，他们的收获是怎样一种幸福哇！

人生应该追求什么？众说纷纭，比如快乐、自由、知识、财富、荣誉……这 100 名优秀的共产党员，对于追求也因其所处的环境和时代有较大差异，而有着不同的定义。在他们当中，有奋不顾身的英雄先烈，为夺取制高点，身披彩虹，化成美丽的云朵；有“为了新中国，前进！”激动人心的口号；还有无惧无畏，拦阻惊马的壮举，这些英雄从未离开人民的记忆，他们不忘初心，不求轰轰烈烈，但求不辱使命！

为了祖国的强大复兴，我们优秀的共产党员不畏困难、从容自信，取得了骄人的成绩，使中国在世界的舞台上傲然挺立。为了人民的幸福快乐，我们优秀的共产党员把人民的快乐当成自己的快乐，把人民的痛苦当成自己的痛苦，他们总会出现在困难、无助的时刻，向别人伸手援助，即使牺牲自己的利益也无怨无悔。在这种追求中获得的快乐，是对幸福的一种赞美！

这 100 名优秀的共产党员是我们建党以来所有党员中的优秀代表，他们和其他默默奉献而又寂寂无名的党员一起为了祖国的强大而奋斗，为了中华民族的复兴奉献了或奉献着自己的一生。他们是幸福的，这样的幸福是无比神圣的，是积极而充满力量的，它必将感染并带领着中华儿女朝着各自定义的幸福目标奔跑，再奔跑！

目录

## 第一章 / 时代楷模功勋篇

## 第二章 脱贫攻坚克难篇

## 第三章 发展尖兵工匠篇

## 第四章 / 人民记忆英烈篇

## 第五章 / 甘于奉献劳模篇

## 第六章 / 助人为乐志愿篇

# 第一章　时代楷模功勋篇

他们是中华民族的脊梁
每一个人　都是一座山一条河
奉献出全部力量
成为教课书里的重要页码
我们是仰望他们的星辰
仰望过后重新审视自我
不再安静的血液开始沸腾
为一个目标　为一个理想
我们被磨成一块钢
出现在需要我们的地方

## 屠呦呦获得诺贝尔奖

在显微镜里　那些活体标本的青蒿素
时而迷离地愁眉苦脸
还没有明白过来就步入归途
时而温润如玉　像若干年前的星光黎明
畅谈着自己的远大理想
鲜明的观点来自充足的底气
从一个又一个的目不转睛
从一个又一个的曲折经历

近半个世纪　屠呦呦青蒿素科研团队
像孙悟空钻进青蒿的肚里
从里往外捋着战胜疟疾的武器弹药

发现在于重建一条河流

发明在于构造公德之心

青蒿的根茎中　有制造武器的来源

青蒿的叶片里　有提取弹药的保证

在匹配的青蒿素之中

组成了一支支秘密部队

在疟疾暴发地区投放了战斗力量

当青蒿素抵达　闻风丧胆的疟疾

被绝命杀手青蒿素　杀得片甲不留

即使退到水边　藏在夜色里

还是被青蒿素部队围捕歼灭

走出国门的青蒿素

身披中国旗帜

进入被疟疾折磨的乌干达

在黑皮肤首都坎帕拉的身上

注入青蒿素针剂

已倒下的犀牛

摇摇晃晃地站了起来

大象的前肢又动了一下

睁开黑眼睛　透出象宝宝的呼吸

透出小羚羊之地的欢呼声

引出河马钻出了水域

## 樊锦诗：敦煌壁画

1962 年　一辆大篷车载来了北大才女
西北大风沙裹着樊锦诗
25 岁的青春住在简陋的沙房里
孤苦伶仃的油灯
是樊锦诗黑夜里的眼睛
在半夜时　把黑影的驴子认成野狼
把晃动的飞沙当作魔鬼
吓得在床上坐了一夜

樊锦诗是莫高窟的守护神
上洞临摹　下洞种菜　孤单行路
只做一件事　让千佛洞的剑胆琴心
仗剑行天涯　抚琴弹乐曲

博大精深的一支画笔赶走了一批批孤独

又一点点修补风化残存的佛画

瘦马古道　羌笛是千佛洞的三危山

阳关三叠　北面戈壁是一个弱女

飞天仙女有汉韵血脉

反弹大漠孤烟的琵琶

秦时明月的驼铃

兵戈黄花　青烟斜插　狂沙云鬓

是弯弓射大雕的出关山坳

飞天仙女衣裙飘逸彩带飞曳

婀娜多姿

樊锦诗修佛修行　听乐打坐

仿佛是一棵菩提树

微风带笑　在不知不觉中坚守

双眉平高　是转世投胎的佛山

修得内在如凌空壁画

如彩塑合成的智能图像

## 李四光：从雪峰到平原

通红的丹霞地貌是一幅国画

岩层中的一丛丛花草如鸥鸟形态

还有时隐时现的鱼鹰石刻

从雪峰到平原的李四光认定了矿物质

认定了鱼鹰石上有矿

认定了花草图案里有煤

李四光拿出地质勘探的小铁锤

边敲边说　这些矿物质基于侏罗纪时代

基于冰河时期的山脉走向

在喀斯特地貌的东北平原

嗅到石油的李四光

发现了时缓时急的沉积物

这些沉积物接通了远古文明

在两湖地区呈现出大面积的海潮

可以圈定海潮的欣喜若狂

李四光的钢笔不敢轻易落下

让一只只鸡啄米的钻探机

啄呀啄　推翻了中国贫油的结论

啄呀啄　中国大油田就在这里

在一片石峰里　李四光从影子中

发现了一批与众不同的丛林

有一群嬉戏打闹的石猴

有的后腿倒立　暗示自己的支点

有的前爪扑地　比喻明确目标

李四光看准了领头石猴

眼色游离　尾巴卷起了圆圈

在那一刻　他判定出大型锰矿的所在范围

## 掏粪工人时传祥

一把掏铲　东敲敲西鼓捣
掏尽北京四合院排污罐子里的物质
掏完胡同里的马桶梦魇
掏铲是每天凌晨的准时钟点
是东城区的疏浚黎明
是一条街道又转弯的清新窗户

一只背篼　是天不亮的微弱叫声
声调有时长有时短
带着起五更的烟雨体温
房屋的灯亮了　叫声就停止了
就像有人按下的闹钟

如果房屋的灯不亮　叫声如同敲边鼓

礼貌地敲着窗棂　或手指轻叩

像知书达理的文化人

还有走过去又返回的两条腿

走起来就像疏浚管道

沿街将每家的情况如同做了笔记

两条腿就是两支笔

一支笔用来记录干净的玫瑰

一支笔用来记录不在的人家

左腿有时是一个刻度

昨天工作时还差一点儿问候

右腿有时是一个态度

向支持自己工作的同志立定

## 孔繁森的援藏情结

是西藏雪域高原的一头牦牛

驮起日喀则岗巴县脱贫致富的方案

孔繁森在日记本里规划

雪白的羊毛是西藏枝繁叶茂的边贸定单

是雪原的经济基础　雪山牦牛

可以创造世界名牌的美食

来自山东聊城的援藏干部孔繁森

脸庞挂着两朵高原红

钻进了牧民帐篷嘘寒问暖

席地而坐变成了酥油茶

山东聊城的京杭运河风景

来到拉萨河边　让《聊斋志异》里的故事
成为牧民帐篷里的哈哈笑声
把拉萨八廓街的古风　古韵　古乐
装进照相机的镜头之中
孔繁森收养了西藏地震中的孤儿
12 岁的曲尼是一头小马
7 岁的曲印是一只藏羚羊
5 岁的贡桑是一朵格桑花

十分健谈　爱唱歌的孔繁森
是西藏旅游文化的蓝月亮
爬上马拉山　那里有一块唐碑
是唐太宗一统天下的标志
一千多年前的大唐　国势强盛
有教化所致达于四海的碑文
藏语意为众山之主的冈底斯山
收进了孔繁森的心中
时常把冈底斯山挂在嘴边

1994 年 11 月 29 日

孔繁森代表拉萨

到新疆塔城对接西域边贸

不幸以身殉职

阿里的古格王朝遗址痛不欲生

札达土林怀着虔诚

在雪原上牵出长长的挽联

一尘不染　两袖清风　视名利安危淡似狮泉河水

两离桑梓　独恋雪域　置民族团结重如冈底斯山

## 杨善洲的大亮山

退休的地委书记摘下草帽
扇了一下额头　盖在大亮山的头上
杨善洲面对秃顶的大亮山
林木稀疏　就像自己没有头发
水土流失　就像自己亮晶晶的额头
山体滑坡的半年雨水
把跑龙套的风石砸向格桑花
花瓣被砸成一堆野草
毫无阻挡的大暴雨推着泥石流
涌进一把鼻涕一把泪的花朵

大亮山的儿子摸着光秃秃的陡坡
像没穿保暖的衣服

杨善洲往手心里吐一口唾沫

挥动铁铲挖出一个坑栽下一棵树

仿佛大亮山就绿了一块

栽下几棵树　大亮山就绿了一片

吐出一串叶烟的谜语

吧嗒吧嗒的草帽下飞出一串绿雾

22 年后　杨善洲头上的草帽换了许多

大亮山戴起了彩色的树帽

一顶顶树帽是桦树　是槐树　是椿树

许多鸟类来了就不走了

许多兽类将这里当成了自己的故乡

杨善洲也是一棵树

把一个人的生命和 6 万亩森林

价值 3 亿元的财产捐献国家

树有年轮　年轮也是树

树有根　有枝有叶　有一个个故事

云南保山施甸县有民谣摘取如下

老牛拉车不回头　当官一场手空空

拼了老命建林场　分文不取乐悠悠……

## | 时代楷模杨雪峰

头顶国徽的杨雪峰　胸佩警号

是重庆渝北区的交通巡警

在国徽里　有实实在在的兵器

但含意更加广阔

杨雪峰的心中只有保卫人民

形似龟背向外凸出的盾牌

虽然用来防御　但该出手时就出手

一弯新月护住带血黎明

那刻骨的爱　带着光芒可以抵达

接近于无边无际的大海

有种累叫作尽心尽责

工作中的杨雪峰是一个执法的岗亭

留下最深刻的印象

是杨雪峰脸上充满了笑容

嘴里飘出石船的橘香

杨雪峰执法的轻语交叠重合

让驾驶员如沐春风

心服　在处理单上写下名字

口服　回到驾驶室鸣笛致敬

再次经过岗亭的驾驶员按了一下低音喇叭

杨雪峰利用休息日走街串巷

用科学想法画出斑马线

保证了上学师生的生命安全

街道的信号灯停止了工作　路灯闭上了眼睛

杨雪峰主动联系相关部门解决

有人在人行道设置障碍

用一把把地锁圈出了自己的势力范围

虽然处理起来牵涉到方方面面

杨雪峰仍没有置身事外　而是全力以赴从中斡旋

战友遇到困难　杨雪峰就天天值班

让战友的亲属体会重庆温暖

有人生病了　顶班的杨雪峰

是连续一个星期的暮色背影

一天中午　身患重病的女孩危在旦夕

杨雪峰驾着警车

驶向张开双翼的红十字医院

因送往及时

女孩最终转危为安

## 王进喜一声大吼

在天地接壤的雪原上　竖起钻井

那是通向地下宝藏的天眼

宁可少活二十年　拼命拿下大油田

王进喜著名的这一声大吼

是荒原力量　是石油铁人的生命烈焰

是捋起袖子的拼命干劲

已经奋战了几个月

带伤的铁人跳入油田泥池

把腰身当作转盘　把手臂当作操作杆

堵住喷井　只要活着就定要付出

堵住喷井　即使牺牲也在所不惜

打通泥浆的铁人为了打通井道

是黑乎乎的石油泥人

是一架不停转动的机器

直到第三天凌晨　油田保住了

铁人才松了一口气

油田发生井涌　铁人拔掉输液管

与药片一起扑进救援现场

石油工人一声吼　地球也要抖三抖

铁人冲向井涌地点

让冲出高达 10 多米的原油为此折服

立即截获油料的铁人

平衡地层压力　把生命当作坝堤

决不能流走一滴石油

铁人就是压住井涌的设备

就是堵漏的器具

每一滴石油都是铁人的心肝宝贝

都是祖国的宝贵财富

## 焦裕禄：盐碱地里的那根拐杖

半个世纪过去了　河南兰考县盐碱地

恍惚间看到一根拐杖拄在黄昏

盐碱地也想起来了

拄在黄昏的那根拐杖

仿佛一根标杆　测量沟壑纵横的坡坡坎坎

咬紧牙关撑起一步三喘的缓缓上行

随后顶住了焦裕禄的腰部

在灯光下　那根拐杖又顶住了焦裕禄的腹部

把焦裕禄坐的藤椅顶出窟窿

像张开的一个大口

深呼吸一口　吞进了盐碱地闯来的秋谷

轻轻吐一口　是一排排防风林的清香

在那根拐杖到达之前

在盐碱地的风魔滚来滚去疯成一团

还有荡来荡去的风怪沙尘暴

它们携带飞沙走石　砸进盐碱地

焦裕禄拄着那根拐杖

查风魔的来历如定位指针

锁定装腔作势的风怪

镇住孤魂野鬼的沙尘暴

焦裕禄的那根拐杖　让农作物想起

那一年在不长草的地方长出果木

那一月在不开花的盐碱地看到蝴蝶

而只有那根拐杖知道

肝部疼痛的焦裕禄　从下午熬到天明

如何让盐碱地像肥沃的土地

长满丰收的歌声

这就是那根拐杖的日日夜夜

## 抗洪尖兵王滚林

天空乌云密布　咆哮如雷
圩堤出现大面积坍塌
冒着倾盆大雨的王滚林
不顾大雨鞭子的抽打
扛起一袋袋沙包在电闪雷鸣里
冲向水泡的圩堤
身躯就是保障
为了争分夺秒大步流星
闪电野狼伸出毒爪
抓住抗洪尖兵连同沙袋扑在圩堤上

抗洪尖兵被闪电野狼咬住　没有醒来

一个个沙袋在圩堤缺口

还喘着一股股热气

打下的一根根木桩还在屹立

斧柄上有抗洪尖兵的指纹

那是前一次的抢险

圩堤想起往事

一个村民触电身亡

亲属们垒起一座火山

抗洪尖兵站在村民与乡政府之间

以身体作为防火墙

晓之以理动之以情　解决了补偿问题

挨门发放养殖资料的抗洪尖兵

像一只不休息的夜猫子

有位老乡送他一条卖剩下的鱼

让抗洪尖兵补补身体

这本是真心的感谢　也是正常的往来

他却婉言拒绝

实在拗不过热情的老乡

抗洪尖兵最终掏出了钱

用市价买下了这条鱼

## | 村支书尼亚孜 · 莫沙

新疆库车县阿格乡栏杆村

在村委会的门前　一片哭声持续不断

为抢救两个落水儿童

村支书尼亚孜·莫沙牺牲了

巍峨的却勒塔格山站在高处

擦着泪如雨下的脸

山下的库车河　湍流不息

一直在低声啜泣

悼词　哀乐　遗像　花圈　挽联……

47 岁的尼亚孜·莫沙躺在党旗中

一个个村民哭红了眼圈

孤寡老人帕丹木·帕孜力的二亩地

平时都是村支书帮着种

他还不知道这个噩耗

村民热合曼·哈不都外力想起那个冬天

家里煤不够用的他唉声叹气

闻听此事后　村支书及时送来了煤球

而村民都知道他也不宽裕

阿不力孜·艾布都力想起自己那次骑车看望儿子

在半道上出了车祸　摔碎左膝骨头

村支书带头捐款

凑足了他的医疗费用

挑起脱贫致富重担的村支书

把栏杆村作为一个工作重点

当地曾有这样的民谣:

栏杆村沟连沟　出门就爬坡

地少石头多　人穷光棍多……

村支书在栏杆村开展庭院经济

在庭院里种植葡萄树

成为致富新起点

手工织出挂毯

绣上荒原古塔的巴亚宛

阿曼尼莎罕的琴弦

奏响石头城的时间篇章

## 水利局长蒋安成

夜晚漆黑　陕西南郑县突降大暴雨
汉江支流濂水河掀起阵阵恶浪
猛烈攻击濂水河的挡墙
蒋安成面色凝重　在暴雨中高喊
如果挡洪石堰被恶浪撕开
就会威胁下游的村庄
下游有八千亩农田　十几个鱼塘
二十多家企业　几千人的生命
此时已是最危急时刻

水利局长冲上瞭望台
一个箭步冲上了濂水河的挡墙高处
身处危险地带的水利局长还在高喊

“天下雨人上堤　涨洪水人上堤”

濂水河的挡墙突然垮塌

洪水卷走了水利局长

法镇八宝村人一边奔跑一边呼喊

五公里的砂石路跑到前面

恨不得自己变成一只船

跳进恶浪之中救出水利局长

跟在砂石路后面的石咀桥

也在叫喊水利局长

石咀桥想起自己长年失修

桥梁摇摇晃晃　桥面千疮百孔

像一颗不定时炸弹

水利局长拍板定下修复石咀桥

为施工进度　是白天加黑夜

五天工作日加上两个休息日

一只手捂住胃部的水利局长

因超负荷工作引发了萎缩性胃炎

因高强度工作引发了反流性食道炎

而他却从来没有一句怨言　一直勤勤恳恳甘于奉献

# 第二章　脱贫攻坚克难篇

2020 年　中国计划全面脱贫

倒计时进入全球的公众视线

繁重任务压在党组织的身上

超负荷的工作成为驻村党员的日常

多少共产党员成为脱贫的桥梁

多少共产党员成为攻坚的道路

多少共产党员成为克难的山峰

为了实现宏伟目标

他们把睡眠当成奢侈品

把丰收当成人生的最大幸福

## “拼命三郎”兰辉

有一个儿子　母亲去世时在张家码头

有一个丈夫　妻子就业时如盼解放

有一个父亲　女儿出生时在唐家山堰塞湖

他叫兰辉　是分管交通安全的副县长

是四川省北川羌山湔水河畔

是北川的擂禹路　环湖路　任禹路

是大山桥梁与过河的赶场渡船

兰辉带病进山　手术后的肛肠

痛得他脸色发青　被颠簸得坐卧不安

特大暴雨冲毁了公路

那些坍塌的粗砺土石方

扎进了兰辉的心窝

为了制定方案

口袋里的药片时刻提醒

脸色不可抗拒地变得苍白

心脏出现了不规则的频率

为躲避同事劝告　兰辉下车吃药时失足

滑下了悬崖

曲山镇匍匐哭喊

邓永路惊诧不已

白坭乡镇的午餐　烤红苕再也不香了

泪流满面不相信发生的眼前事

兰辉曾在微博中写下这样的句子

“我珍惜荣誉

珍惜生命过程中的每个闪光点

我会在余下的日子中让每一天发光

为那些需要帮助的人”

“阳光真好　尤其是从隧洞中出来

幸福的生活也需要付出

我们要做的就是避免生命的付出”

这就是拼命三郎兰辉

虽然亏欠了家人却无愧于北川

## “贴心人”沈浩

隆冬时节　江淮大地朔风凛冽
几百个滚烫的红手印
在寒风里扬起一片火红
三封请愿书　被一双双茧手捧起来
要求请回沈浩的骨灰
逝者是安徽省委下派脱贫的驻村干部
是奔向小康致富的挺拔山脊
在沈浩的墓室上　盖着鲜红的党旗
这里是安徽凤阳小岗村

谁也不会忘记 1978 年
安徽凤阳小岗村的 18 条好汉

按下包产到户的生死手印

掀开了中国农村的改革风暴

2012 年小岗村再一次按下 98 个手印

把沈浩留下

这是小岗村的心愿　是小岗村的心里话

原来　一朝越过温饱线的小岗村

后来就再没有富裕了

沈浩来到这里越想越不是滋味

先修路才致富的沈浩把自己泡进河沙搅拌的水浆里

傍晚运来水泥　一时找不到铁铲

沈浩就用双手当工具

被损伤的皮肤是修路进程

被磨破的手指是修路速度

在修路的同时　沈浩又挨门逐户

访问困难户　在昏暗里的房里

沈浩看到一群苍蝇飞进碗中

老鼠们忙来忙去　蟑螂们爬来爬去

在困难户家里做客的沈浩

把他们的剩茶喝成了西湖龙井

把他们的剩饭吃成了满汉全席

在村民们心中

沈浩就是他们真正的贴心人

## 吴天祥：榜样的力量

身为国家公务员　又是普通志愿者

吴天祥的心中有太多的牵挂

26 名孤寡老人

还有 6 个孤儿　500 个穷亲戚

都牵动着吴天祥的心

到张聋子的家里　在纸上交流

当起了免费的法律顾问

牵着盲人李婆婆的手

像黑夜里的烛光　照亮黑暗

握着李婆婆的手

递过去一袋米一桶油几袋食盐

聋哑人王大爷半文半盲

被其当成一支笔的吴天祥

写下王大爷的诉求

王大爷站起身来看着吴天祥

激动得一阵比划

仿佛找到了共产党

这位道德模范成为了武汉人民心中的榜样

人们自愿组建了志愿者组织

开展了邻里守望相助的志愿活动

看望空巢老人　为残疾居民打扫卫生

用实际行动“学雷锋学吴天祥”

这　就是榜样的力量

# 纪委书记王瑛

王瑛因工作过度　突然离开人世
四川省南江县嚎啕大哭声一片
两河口的烟霞云朵想起一件事
在光天化日之下
乐坝镇村干部的宅基地像一只母鸡
村民的宅基地如一条蚯蚓
双方的矛盾就像即将点燃的爆竹
导火线随时恭候打火机

赶到乐坝镇的王瑛　把自己作为当事人
站在村民角度　有理有据地分析起来
每一道坡都有名字

就如三分水田都有归属

随后掰着手指在人口上细心地计算

上至九十岁的老婆婆

下至襁褓中的一个个婴孩

还要算上小学到高中的读书郎

因为心系洋滩村村民过河难

获得 2 万元奖金的王瑛　打算修建石桥

她把奖金分成了一堆石料

像钢筋　扎扎实实在工地上

像水泥　每分每秒团结沙子

石桥就像王瑛睡不着觉

时时刻刻都想合龙

后来　王瑛倒在了抗旱救灾的晚上

肺癌晚期的纪委书记　在生命的倒计时里

昏倒在 40 度的高温之下

这位平凡的纪委书记

对党无限忠诚

对人民无限热爱

用生命彰显了共产党员的本色

谱写出一曲人生壮美的华章

## 孙波：为了使命

2012 年 12 月 8 日 13 时 40 分

中国在哈萨克斯坦签署原油管道扩建协议

原定出席签约仪式的孙波在北京医院昏迷 18 天

这一颗 52 岁的心脏停在签署协议的 22 分钟之后

此时　来自中亚的天然气

蓝精灵沿着丝绸之路的茫茫戈壁

在浩浩长野中进入中国首都

让零下 20 多度的北京有了温柔火苗

为了使命　孙波一直不顾身体只争朝夕地工作

为我国的石油事业发展倾尽了全力

28 个月完成本需要 6 年时间才可做完的土石方任务

就为了中亚天然气输入中国华北平原
时间是最稀缺的资源
为了赶进度孙波拼了命
几乎没有时间睡觉
大脑几乎一刻也没有停止旋转

把通往中国的石油管单线变成双线
直缝管变成螺旋管
这是孙波的点睛之笔
工程改动后
创下夜间飞行几百万千米的记录
深夜起航　黎明到达戈壁大漠
凌晨在为国家争取利益的谈判桌上
与土库曼斯坦圈定合同
与乌兹别克斯坦签约
在哈萨克斯坦考察
为了使命代表中国出席会议

## 瓦依提献计献策

新疆喀什地区　启动老城区改造
社区主任瓦依提马上想到
核心区域是托尔亚瓦格社区
有很多的花草植被
瓦依提献计　保留层叠土木屋样式
就保住了维吾尔族的几代花甲
红柳窝棚如民族乐器热瓦普
一壁挂毯织满了哈密瓜
瓦依提献策　老城区保持原貌原址
修旧如旧是托尔亚瓦格哈密瓜
是大红枣又是甜葡萄

拆迁项目托尔亚瓦格社区

令土生土长的瓦依提恋恋不舍

托尔亚瓦格社区是喀什的文化象征

在历史柳枝的围墙里

买买提大叔的红枣吐着一长串火焰

还有一个个饱满的核桃

不说话的葡萄浇灌着甜梦

买买提大叔不愿拆迁

担心拆迁面积不准就不签协议

瓦依提以中柱为准　把土木屋的地基作为终点

还原了买买提大叔的房屋结构

有一个扑通跪地的老大娘

眼泪急得像开闸的洪水

原来　老大娘的土木屋被大雨摧毁了

不知道如何处理

瓦依提找到老大娘的土屋旧木

作为一个正确的依据

走访左邻右舍　与测绘人员比对

老大娘的土木屋如一个馕饼

经过加水和面　分块揉压

这是老大娘的祖辈产业

连接历史参与未来

## 马宝祥与苍耳草

本来就像是前沟村的苍耳草
当选村支书的马宝祥
带着前沟村的老老少少
走在脱贫致富的路上
把大有可为的苍耳草引入中药材市场
听取中医专家的建议
让苍耳草进入深加工的行业
就成为产业带动前沟村的经济发展

马宝祥从 15 岁时开始
独自开着运输车成为青藏高原的风雪夜晚
成为昆仑天山的运输玉米

是戈壁大漠　是川藏公路的绝色山川
是羔羊膻味　是扬鞭急驰的青色骏马
瘦骨嶙峋的马宝祥
承包路桥建设工程时腰包鼓起来了
带着更多的乡亲
一起走天涯　一起闯江湖

认识到知识会改变村民的后代
马宝祥为村庄小学捐款
成立奖学金制度　让优秀学生脱颖而出
获得中组部奖金的他
把奖金变成宣传致富的视频资料
变成村民图书馆科技馆

当青海玉树县发生了特大地震
马宝祥组成应急救援队奔赴灾区
带去了方便面　矿泉水　帐篷　担架
为灾区人民送去了温暖

## 赤脚医生李春燕

一间瘦弱透风的木楼
如李春燕的身体
最后的赤脚医生为苗乡坚守健康
坚守缺医少药的山村
在苗乡　新生儿没有睁眼就闭上了
有的哇的一声就安静了
大塘村的苗民小病扛　大病顶
病重了就请巫师做道场

坚守苗乡的赤脚医生
卖掉自己的耕牛　办起了卫生室
实现了自己救死扶伤的梦想
有的苗民拿不出买咳嗽药的几元钱

有的苗民赊欠胃痛冲剂

卫生室被拖得要垮了

卫生室拖欠供药单位的费用

眼看赤脚医生要被迫关门

各级政府施以援手　从政策上扶持

接受了资助的卫生室又活过来了

卫生室要有造血功能才能坚持到底

于是赤脚医生承包了果园

引进不按季节上市的夏橙

无籽的新品种打了一个时间差

赤脚医生大获全胜

接着她又以卫生室的名义创办了养猪场

在县城开设直销点　可以网上下订单

赤脚医生在央视感动中国的节目里走来

大塘村卫生室改成了博爱卫生站

## 女律师赵春芳

与正义同行　神圣的爱和公平
是赵春芳履行的天职
是法律援助的情怀
女律师代替截肢残疾人的诉求
在雪路上　奔波沧桑
成为截肢残疾人的微明霞光
成为村民咨询的法律
从不可能到可能追回了救灾款

企业拖欠农民工过年钱
女律师主动调查取证　帮忙诉讼
出庭代理农民工的口头协议

让花名册从巷道下井

让工资表叙述一车车乌金

从掌子面运出地底

经历渗透　那夺命的洪水猛兽

还有可怕的瓦斯爆炸

过年钱是农民工孩子读书的基础

是农民工修房的前提

自愿代理诉讼的女律师

把自己当作农民工

一头钻进黑乎乎的煤炭生产线

女律师知道农民工盼望法律援助

就像非洲沙漠的黑甲虫

为了一滴水　努力爬上沙丘

形成倒立老僧的形态

当潮湿水珠滴下来

黑甲虫的头朝下　让水珠滑到嘴里

那一滴水如生命血液

所以走进山村的女律师

走进农民工家里

用自己心中那一团充满爱的火焰

温暖了农民工的心田

## 田守诚：盘锦河蟹

辽河入海口是盘锦河蟹的生命通道
被一个个炼油厂阻断
田守诚看到炼油厂排出废水
流到了盘锦河　明目张胆地杀死河蟹
心痛的田守诚把自己当作河蟹
接二连三地到处申述
流浪的盘锦河蟹望着生存的故土
望着辽河入海口

自称盘锦河蟹的他立即直扑万金滩
这是盘锦河蟹的养殖基地
进入稻田　顺理成章地有了家

成家立业就安心养儿育女

为家庭成员建立了标准档案

一只盘锦河蟹的体重

一只盘锦河蟹的肉质

自称盘锦河蟹的他随身带着三件宝

小秤可以随时称称盘锦河蟹

小本可以随手记录盘锦河蟹的养殖周期

小马扎可以随地坐下来观察水质

注册了淘宝网账户的田守诚

在界面上弹出万金滩

嗨　我是盘锦河蟹

那晃动的头像是盘锦河蟹的胡子爷爷

自称盘锦河蟹的他讲起了历史故事

传说唐王李世民来到三汊河

螃蟹们驮着李世民完成征伐霸业

原先的盘锦市　只要有水就有河蟹

可以用水瓢舀或徒手捉

渐渐地盘锦河蟹就爬上了百姓的餐桌

## 外来媳妇韩丽

村支书的官职没有品级　难以富贵

但可以帮助村民做一些事情

说话的韩丽是外来媳妇

当选了村支书被委以重任

在汉族和朝鲜族混居的村庄

外来媳妇找准了脱贫方向

必须修路　才能打通大兴安岭的信息

必须修桥　连接长白山的党参

必须建房　村庄经不起寒冷了

这三大任务都要自筹资金

外来媳妇利用稻田养虾养螃蟹

朝鲜族村民办起了农家乐

游客来了就跳刀郎舞
就吃朝鲜泡菜
汉族村民多挖几个鱼塘
开办一鱼三吃的餐馆

突如其来的特大暴雨
冲垮了朝鲜族村民李永浩的土屋
垂头丧气的李永浩如落汤鸡
外来媳妇拉来了自家的红砖
拉来了石头　那是自家的建房基石
拉来了木材　那是自家的大立柜
李永浩的双眼涌出泪花

一张掉漆缺脚的办公桌
就是村委会的地点
当第一笔政府资金打进朝阳村的账户
外来媳妇的第一笔资金投入
把村庄小学的土房修成教学楼
把村庄阅览室改成科技馆

## 杨七明的化疗瓶

在青垄上　挂着化疗瓶的癌症患者

看着紫草莓就咯咯地笑了

杨七明蹲下来闻着香气

水果脸上的笑容像紫草莓的花形

为了使紫草莓项目落地

他挂着化疗瓶在地里蹲点守候

累得脸色苍白

与医院签下后果自负的杨七明

把化疗瓶当作时钟

时时提醒自己在世上的时间不多了

要抓紧时间使臭塘变成柳暗花明

为了让鱼类在水里优雅游动

让蛙鸣四起　与岸上的花朵聚合

他又一次忍痛上路了

村级公路硬化计划　还在规划中

连续熬了几天的夜

化疗瓶里的药液用完了

再不到医院开药谁也保证不了他能挺下去

在去医院的路上　他拐了一个弯

看新修的篮球场时昏倒了

杨七明再次与医院签下责任书

一切后果自己负责

爬起来的他又紧锣密鼓

计划村里喂猪方案

出现在猪圈的彩钢棚里

一言不发地进入生命的倒计时

用化疗瓶的光亮照着彩钢棚的质量

## 胡承霖退而不休

当一堆堆麦子垒成了一座座麦山
胡承霖高兴地掏出香烟
一圈圈烟雾绕着黄灿灿的麦子
如胡承霖的开怀大笑
想起以前　无精打彩的麦田
缺乏营养又面黄肌瘦
麦子全部东倒西歪

胡承霖是农业专家
一生都把田野当成了科研论文
每一次播种　都要规划
都要查找详细资料

哪些数据作为提高麦子的产量保证

哪些参考可以补充进来

每一分麦田都要实行标准化

每一行麦子都不能简单了事

播种的行距就像严谨行文

要有充分的理由

充分地引经据典

证明出处是哪里

小麦从出苗到收割　关键是扬花孕穗

胡承霖是一块田垄

与麦苗一直泡在生长时期

一会儿蹲下　观察麦秆

一会儿站立　捡起麦穗细看

作为小麦设计师的他

托着在国徽里出现的金黄麦穗

在他心中麦田占有至高无上的地位

## 曾馥平真扶贫

父母取的名字是不是先知先觉

曾馥平成为了扶贫干部

名字与“真扶贫”读音相近

是命运的安排还是巧合

在喀斯特地貌山区扶贫的曾馥平

为村民异地搬迁牵线搭桥　寻找项目

这千奇百怪的石漠岩层

是远古大海的波浪印迹

石漠土壤为什么还在加快

“真扶贫”带着石漠的不解

申报国家生态环境观测站

石漠土壤里的稻谷

就像村庄中的猪牛羊狗

一个个弱不禁风像一片片柳絮

白猪如枯叶　黄牛如山脊

黑羊如不长草的山地

生长的稻谷　卧底的洼地

东一堆西一堆像猴子掰苞米

“真扶贫”引来水源

把洼地分成几大板块

有的排成一个个蚂蜂窝

有的流水　形成自己的体系

“真扶贫”把精力放在喀斯特地貌的旅游上

让石漠岩层变为探险的驴友

让石漠土壤变为奇特景观

以科技旅游的“真扶贫”

好事连续　研究石漠的资金到位

国家生态环境观测站正式批复

让喀斯特地貌山区成为科研综合项目

有的地方　长着荞麦　玉米

有的地方　长着绿草　果树

在大洼地飞出长嘴鹭鸟

在小洼地飞出一群蝴蝶

# 禾石村林锋

为改变贫困面貌　村支书林锋
带领乡村养殖罗非鱼　养殖瘦肉猪
池塘鹅进入超市联合展销
山鸡飞到了市民餐桌
禾石村又打出一套组合拳
修起一幢幢房屋　硬化了水泥公路
一个个新媳妇嫁到村庄
如振兴乡村经济的希望果实

养殖成为禾石村的规模化效益
选中了饲料生产的林锋
召开院坝会议

养殖业如果没有保证

持续增长只是纸上谈兵

林锋的谷糠做成饲料

投放市场　提高了附加值

投放鱼塘　是一条产业链

林锋打开天地抓住运输

组建车队　拉出村庄的农副产品

拉回城市的冰箱洗衣机

拉回科技人员　拉回科学书籍

这些都是禾石村的未来

看上了山羊产业的林锋

把山羊赶到大山　让它们每天接受日光浴

喝矿泉水　吃山珍绿草

有的山羊少小离家老大回乡

有的在秋天带回一群儿女

山羊产业已成为禾石村的观光农业

## 村民组长陶应全

2012 年 3 月 26 日　坍塌的土石方
突然掩埋了绿塘子村民组长
陶应全在想不到的地方
在想不到的时间
付出了宝贵的生命
年富力强的 39 岁怎么就没有了呢
为疏通水管工程
村民组长计划了好多事情
比如公路硬化　到位的沥青正在运输
比如农田灌溉　挖深水塘
提高蓄水和灌溉能力

村民组长接到村民反映

种植的烤烟被虫子咬得遍体鳞伤

有的叶茎被虫子咬断了

有的叶脉发生质变

买来杀虫剂的村民组长

在自己的烤烟地里进行试验

杀虫剂把一个个虫子捉得干干净净

让烤烟的眉头张开了

烤烟的叶片发绿了

让村民照做的村民组长　调整产业结构

有的继续种烤烟做　有的种果树

每人都有收入

许多村民买了拖拉机

村民组长就把拖拉机组织起来

分成了几大板块

有的收割庄稼　有的加入运输

有的以承包合作的方式　集中村民的摩托车拉来种子

为春天的播种做好准备

# 第三章 发展尖兵工匠篇

高科技人才和大国工匠

这些都是中华复兴的关键词语

在万花筒般的世界里

高科技成果会影响未来

谁握有自主研发的智能产品

谁就可以打开阿里巴巴的大门

报效祖国是我们无法抑制的渴望

中华复兴是我们为之奋斗的梦想

## 姚檀栋的冰芯梦

青藏高原骑着雪马
飘动的白袍是纳木那尼冰川
一条雪山哈达戴在姚檀栋的胸前
为了获取极寒的一块冰芯
这位冰川领域的专家
在海拔最高的雪原高地工作 30 多年
为了探明极寒冰芯与地球变暖的关系
找到控制臭氧层的最佳方案
长期坚守在 6000 多米的珠穆朗玛峰冰川
征服了 7000 多米的慕士塔格峰冰川

冰芯梦是稀世珍宝的氧气

是考察冰川的登雪阶梯

是突兀险峻的相连冰山

是爬不动的身体颤抖

不知有多少次　冰芯梦面对嶙峋冰石

被险峻的坍塌冰川阻拦

被暴虐冽风切断了所有温度

野外露宿的冷硬冰刀

把搭建的帐篷划得七零八落

直接捅断了遮掩篷杆

那一块 7000 多米冰川上的极寒冰芯

让科考队全员欢呼雀跃

让五星红旗骄傲地飘展

通过从极寒冰芯里找到同位素

可以测定地球变暖的原型

可以测定降水的定量

通过在极寒冰芯中寻到的微生物

那是一朵成形的雪莲

以年分辨率揭示了过去青藏高原变化的特征

探明了冰川构建的多样性

## 博士生导师高松

单链磁体涉及电气设备元件

是一门前沿学科

高松研究的方向是绝缘流体

在其中的音频视频也由光纤穿起

这是单链磁体的发展之路

博士生导师的电子器件

让能量存异　在自旋磁里自由组合

使可变的指数与平方成正比

在长时间的温度里

观测磁化强度上升时的演变

从频率变化里钻研秘密

当单链磁体出现共振现象之后
如上了新台阶的博士生导师
率先发现了磁滞回线
秘密是把一维链动力以分子展现
构筑最小的单链磁体
采取原子配位　把单链磁体导航
作为研究的持续发展
博士生导师把研发学科带入大学课程
面对面和学生交流学科成果

更新教学进度　改进教学方法
有学生研究单离子磁体
求解稀土离子的化学成分
打开实验室　博士生导师让学生操作
在恒温中的稀土离子
设几个问题　你是谁　为什么来这里
是重新分割还是给予更多热量
是持续凝固　还是有一定的条件要求
博士生导师和单离子磁体的学生
化解了好多的疑难问题

## 吴大观：一生追求

93 年的生命中　68 载投身于航空事业

吴大观是航空领域的传奇

是国产飞机的昆仑发动机

是飞机心脏的中枢神经

曲轴连固守着默契

肺腑冷却机补充燃料

润滑油供给飞机轴承和连接

像一个号脉中医的一生追求

通过望问听摸的诊断

就知道飞机的运行的状况

当国产昆仑发动机批量定型

这位中国航空发动机之父

屏气凝神观察每一个细节

活塞　它们内在的联系

活塞环　是启动装置的保障

活塞销　需要优化组合

还有连杆　曲轴　轴瓦　飞轮

这位航空发动机专家一辈子只做一件事

就像月亮围着太阳转

即使病倒在医院

内心也停在昆仑发动机的轰鸣中

临终时吴大观将 10 万元积蓄

作为大额党费交了出来

并说这是最后一次了

从 1963 年开始　他一直多缴党费

可是他一生节俭

旧衣服　破了便补　补了再穿

就像昆仑发动机的顶尖轴承

不到万不得已不会更换

他永远不会忘记 1938 年

看了法国电影《悲惨世界》

其中一句话影响了自己一生

人生是施与而不是索取

## 罗阳：选择天空

一架歼 -15 航母舰载机

忽而拉高升空　忽而俯冲下地

忽而左转　在空中瞬间降速

忽而右摆　平稳地停在航空母舰上

这是罗阳驾着舰载机贴着海面飞行

圆满完成了舰载机试飞任务后

疲惫的罗阳突发心肌梗死

51 岁倒在飞行的岗位上

为了忠诚报国　罗阳选择天空

为了奉献付出　罗阳选择大海

每一个人心中都有一个属于自己的中国梦

罗阳驾驶的国产舰载机

力争技术与世界强国并驾齐驱

以冲刺的速度缩短距离

在他生命最后的笔记里

是数据规划　舰载机起飞升空

是降落参数　舰载机如鹰爪抓板

那巨大的震动雷霆万钧

那巨大的轰鸣排山倒海

罗阳每一次驾驶舰载机

在飞临航空母舰时　总想飞得再近一点

零距离地观测舰载机的状况

零距离地接受生死考验

罗阳自从接到任务　便开启了 711 模式

即每周工作 7 天　每天工作 11 个小时

在舰载机最后的冲刺阶段

罗阳超负荷的强度达到了极限

每天工作 20 个小时

他牺牲后　航空母舰挂起了巨大横幅

那上面是他生前说过的一句话

舰载机托着国家财产　托着战友生命

精益求精是自己的本职工作

## | 陆清：守望大飞机

国产 C919 大客机在空中飞行

地面上的铁鸟负责人陆清双眼通红

陆清一直在守望大飞机的系统构架

重点部位的设计系统

每一个环节都有参照数据

液压油箱要经过反复比对

复杂管路是摆在陆清面前的难关

陆清一天工作 11 个小时　每周工作 7 天

这种日常状态

组成了气动结构

组成了客舱综合技术

在安全性能上　由电动操纵

主动控制完全智能化

这之前　陆清参与了歼轰七项目

历练了歼轰七的超常组合

进行了风洞试验

试金石就是七大部件

每一个部件都是结构的拦路虎

有的雄踞一方　不可一世

有的藐视性能　任你摆布

陆清抓住结构的尾巴

将其装在技术革新的笼子里

当一只只结构拦路虎被捉拿归案

陆清组建攻关联合体　把结构拦路虎啃成碎片

有的研究头颅　分解脑细胞

有的开发强壮的骨骼

重点是自主开发的国产化

有自主研发的液压系统

有关键技术的科学参数

## 徐小平：创新三定位

带领一个班组　带领一个团队
徐小平创新“发动机”
突出了三个定位
观念定位　所有技能支撑责任
目标定位　研究技能转为效益
方法定位　大面积示范推广
这三个定位以提高效率为第一标准
徐小平则把标准作为任务
如同每天必须吃饭一样

徐小平是一个生产班长
一直把干字摆在生产首位
是苦活　就不分内外有别

是累活　就千方百计抢着做
不让脏活从手上溜走的他
在实践中总结出四种力量
凝聚力为先导
感召力率先垂范
创新力进入技术无人区
战斗力作为解读方式
让他最心痛的事情
就是数控中心每年掏大笔外汇
送往国外修理　价格一再攀升
只要数控中心停摆一会儿
所有工作都拖后腿

再也坐不住的徐小平
主动承担维修数控中心主轴
白天解锁密码　晚上钻研关键技术
经过 700 多个日日夜夜的努力
他利用激光可视对焦技术
获取激光焦点的一把密钥
成为中国维修数控中心的崭新支点

## 两栖人王旭东

只有今天和明天　周末和节假日在实验室
王旭东的两只手互相交替
一手是教育事业　一手是成果转化
每天早晨 7 点半在研究中心
晚上 10 点还在使用三角尺
致力于电力传动学科的发展进程

身为高校老师的两栖人
影正为范　万事德为先
率领科研团队
时而戾天跃渊　时而欣欣向荣
时而含葩敛翅　时而晏然蛰处
为了研究汽车驱动控制

王旭东把科研项目概为恒恬诚勇

恒是持之以恒

恬是克己持重

诚是襟怀坦荡

勇是一往无前

以出世精神做入世事业

王旭东认为掌握汽车驱动控制

可以使民族工业大长骨气

天行健　君子以自强不息

铁肩担道义的两栖人

开发出汽车弱混的新动力

开发出汽车电子点火

取得了非常突出的成绩

虽身处教学和科研第一线多年

但这位勇立潮头的两栖人却异常努力

正如他喜欢的诗句:

未出土时便有节

待凌云处更虚心

## 军医妈妈冯理达

她是爱国将领冯玉祥的女儿
更是一名军医
冯理达深入值勤战舰
如嗅觉灵敏的声呐
如海豚观察风卷浪涌的钟点
是士兵的内分泌的状况
是清除的疲劳睡眠
军医妈妈在战舰上想起了抗寒课题
在雪域高原的极寒地带
困倦的士兵与海军的身体健康
可以做冰川和波浪实验

在帕米尔高原　一名战士突发急病
军医妈妈手捏氧球连续供氧
24 个小时从不间断
把自己的高龄丢在一边
飞行员王志虎突然上吐下泻
吐出许多污物
端来热水的军医妈妈用一张热毛巾
擦着王志虎的脸孔嘴角
感动得小伙子泪如雨下

在日常工作中
军医妈妈根据高山和大海
分析出容易染病的细胞
发现了修复免疫功能的基因
从中找到传统医学与西医的微观互连
不能分开的一对母子
可以进入一个群体

军医妈妈的研究成果引起全球轰动

到美国进行学术报告交流

美国开出令人瞠目结舌的天价想将其挖走

面对巨大的诱惑

军医妈妈说

“我的根在中国”

她将自己比喻成一头牛

而自己拉的车辆

就是祖国的医学事业

## 赵久然与卡通玉米

在玉米专家赵久然的办公桌上
有蘑菇形状的爆米花
有憨态可掬的小狗
有两根粗壮的胡萝卜
还有活灵活现的俏俏鼠
这些卡通玩具都是用一个个超级玉米
做成的一个个儿童故事
也是赵久然推广产学研的结合成果
赵久然在北京延庆乡
是一个望远镜　望见低产稻田里
可以开发玉米新品种

为了玉米良种　赵久然被人戏称为傻子

又得了卡通玉米的名字

是田间地头的青蛙叫声

是冬天里的一把雪

是夏天里的一把扇子

从矮秆小麦里找到育种基因

让矮秆玉米窃窃私语

走出国门　解决了埃塞俄比亚的饥荒

解救了饥肠辘辘的赞比亚人民

随后的赵久然让矮秆玉米长高

京早 13 号膀大腰圆

京科 2 号如东方巨人

这两种型号的超级品种可以套种

在白菜之间　在粮棉之间

如果像人类一样在亲族内自由通婚

或变傻或作废或畸形

赵久然把 DNA 技术运用其中

成为身份代码　这是准确的鉴别系统

理清血缘关系避免近亲繁殖

## 棉花奶奶李文英

布包里装着两个馒头和一瓶水
钻进了湖北枝江百里洲棉花良种场
李文英与棉田结交了半个世纪
是棉花的红五月　是棉花的云彩八月
花开天下暖　花落天下寒
花盛倾听金色的蝉鸣
棉花良种场是李文英的孙女
是李文英的心肝宝贝

谁家的棉花含情脉脉
谁家的棉花咧嘴嬉闹
哪里需要打药　哪里需要施肥除草

李文英如数家珍

最怕那些淘气调皮的棉桃

节外生枝长出小杈杈

专门和棉花奶奶唱对台戏

变戏法般地让棉桃枯萎

棉花奶奶与棉桃枯病大战三百回合

抽出自己的睡眠　组成力量

拿出科技成果进行支援

把关注的心血一点点输给棉桃

作为补充的营养

在推广抗虫新棉种的进程里

许多棉农担心收成不高

棉花奶奶便拿出自己的存款作为抵押

用兜底的做法温暖了一个个棉农

他们加大种植面积

抗虫新棉种如一朵朵盛开的花瓣

如笑得合不拢嘴的李文英

被称为棉花奶奶的她又钻进了棉田

仿佛自己是为棉花而生的

## 马铃薯爷爷王文泽

19 世纪初叶　英国作家威廉·柯贝特写道
“现在流行颂扬马铃薯　或者吃马铃薯
人人一起来颂扬马铃薯　全世界都喜欢马铃薯”
王文泽是马铃薯的爷爷
从马铃薯附加值的提高入手
让父老乡亲吃饱　还可以出口赚钱
这个心愿从分茎里找到
如果在分茎中多长一些块茎
就像独木成林　一个分茎就是一个家庭
每个分茎连着众多成员

王文泽推广先进地膜的栽培计划

选出良种的分茎马铃薯
泡在药水里　培育出健康机体
可以抵御枯烂白霉
可以抵御褐色条斑
要是发生马铃薯的分茎卷缩
就是晚疫病　这是世界的大难题
为攻克马铃薯分茎的枯烂白霉
王文泽从来就没有放弃

对马铃薯分茎施药后
他就进入不眠阶段
每一次药量要精确到毫克
从早晨 6 点到晚上 6 点
12 个小时如肥沃土地
又如千疮百孔的蛮荒之地
马铃薯分茎时是死是生
影响着王文泽的悲喜
在这样的过程里
他饱受了太多的煎熬

## 光明天使魏文斌

在深夜里盘踞黑暗　修炼光明
光明天使魏文斌在暗室检查患者眼底
透过检眼镜　从导光纤维中探出深部
透析玻璃体　在方寸之地精雕细琢
无影飞刀的魏文斌
是黑暗世界的手电筒
是无言深处的刀锋塑形

一个年轻姑娘患上了严重眼疾
魏文斌看到姑娘写下
不求彼此拥有　只愿一生相守
不求海枯石烂　只愿心灵最爱

看到字条的魏文斌被深深感动了

看到了黑夜里的万箭穿心

徘徊在惆怅的深渊

如一杯热茶在寒风里瑟瑟发抖

煮一壶云水　走一生流年

这位眼科专家告诉姑娘

心情不好就会加速眼疾发展

情绪会破坏视网膜的方向

来中国出差的美国亚美通讯公司总裁麦克

突然失明　仿佛掉进了巨大的冰窟

看不到一丝的光线色彩

魏文斌为麦克做眼科手术

告诉麦克　是白内障和青光眼作祟

破坏眼底结构引发了病变

还有近视眼疾加入进来

## 大国工匠李万君

大国工匠有一支烟熏火燎的焊枪
在弥漫的烟雾中　出神入化地剑走偏锋
四溅的烈焰点击加长的高铁车厢
焊接一串构架环口
对专注力有太高的要求
容不得一丝头发的缝隙
容不得一点出现的渗漏

刚入职时大国工匠听到描述焊接工的顺口溜
远看逃难的　近看要饭的
仔细一看是水箱工段的
那套工作服如古代的武士铠甲

封闭帽是沉重的头盔

上完一天班的工作服能拧出一桶水来

然而李万君并未却步

十几年磨一枪

大国工匠把钢轨焊成一条直线

焊出了分毫不差的世界奇观

尤其是密封的巨型油罐

犹如大肚罗汉光滑的腹部

看不出任何焊接的痕迹

高铁是中国名片

焊接转向架环口是世界难题

美国专家耸耸双肩表示无能为力

手握焊枪的大国工匠一枪定位

焊缝的宽窄严守标准

焊点更是漂亮的技艺

环口焊接七步操作法

让法国专家带着怀疑赶到现场

惊讶于电子机械手都无法操作　李万君却能成功做到

## 空中尖刀蒋佳冀

苏格拉底说　未经审视的人生不值得过

人生经过审视的空中尖刀蒋佳冀

加入星星灯盏　置身于气流漩涡

那些累累果实的云朵

护卫着祖国的崭新彩虹

在机翼下　山川是父母　河流是姐妹

故乡是祖国母亲的儿子

一次次起飞是空中尖刀的一串数据

一次次降落是空中尖刀的改进程序

空中尖刀解读战鹰的空前洗礼

解读战鹰的每一个日落

在灯光里　一排排仪表缠绕云雨

一组组数字控制操纵杆

一台台设备正在闪闪发光

空中尖刀被电磁频谱指引决断

在系统的数据链里

空中尖刀的心率与战鹰的频率一致

牢记使命敢为人先倾心打造

空中尖刀驾驶战鹰飞近太阳

就像一只飞翔的鸟儿

按照指挥塔的指令俯冲拔高

前提是保证战鹰的绝对安全

在战鹰里　空中尖刀看到高原独特的地形

那里有一堆大雪　靶场在大雪里

目标是午后的一片反光

复杂的地理情况　复杂的气象节点

考验空中尖刀驾驶的战鹰

分析视频　对照每个环节分解到秒

精确测到了发射距离

一串枪炮击中了雪崩目标

## 难不倒的中专生张恒珍

一场暴雨后　中国石化茂名分公司

身穿蓝色工作服的首席技师张恒珍

在塔罐与管网纵横交错的装置间穿梭

突发的暴雨让张恒珍如热锅上的蚂蚁

如乙烯塔罐望着天空

巡检完的张恒珍长舒一口气

自己操作特大型乙烯设备已经 40 万次了

每一次操作都不敢有半点分心

特大型乙烯设备的庞大工业机器

被一双纤手调教得规规矩矩

像一个特别听话的孩子

张恒珍说　既然是石化工人
就要当最好的那一个
别人休息时　她啃着厚厚的专业书籍
如攀登世界屋脊珠穆朗玛峰
爬遍了特大型乙烯设备的高塔
了解每一个内部结构
有方箱裂解炉　有石油分子
还有许多方方面面的知识
天天恶补操作规则的张恒珍
是运行流程的各个重点
是脱乙烷的化学反应
消化分子原子核子的课程
核心价值观就是本职工作
没有最好只有更好

国内的同行关注茂名石化裂解车间
国外的专家观察压缩分离
张恒珍开动中国首座百万吨乙烯生产线
托起了庞大的工业体系

在操作领域呼风唤雨

这个参与了 30 多项工程技术设计的中专生

写出了操作特大型乙烯设备的培训教材

完成了很多高学历者都难以企及的目标

## 装卸队长皮进军

一顶橘色头盔是凌晨 3 点钟的哨声
是抓安全　抢累活的组织者
皮进军第一个钻进封闭的粮罐里
心慌意乱是导致窒息的元凶
出不到气的胸闷使装卸队长大汗淋漓
如吞噬的巨大黑洞
虽然深知危险但总得有人示范

依靠车船调配使用大数据
装卸队长对每个环节都有工作方法
每道工序都是港口程式
沙滩离不开大海　起伏跌宕潮起潮落

大海离不开码头

就像装卸队长离不开进进出出的轮船

来来往往的汽笛

都在装卸队长的哨声中起吊

下货后又是一堆堆码放

虽不能远航　装卸队长有自己的体温

磨破的臂膀渗出鲜血

受伤的手指贴了止血膏药

当码头装卸货物的任务完成

装卸队长又确立了新目标

有大目标　还有一个个小目标

大目标就是码头的绝对安全

小目标就是货物一样不能少

杜绝野蛮工作的装卸队长

是码头泊位的移动参数

是智能型的配工图标

## 张克：全国杰出会计工作者

计算器　尺子　钢笔　电脑

是与其形影不离的工作用具

张克所在的会计师事务所的一组组阿拉伯数字

是国家的财经纪律

是报表不能掺假的数据

张克所在的会计师事务所在审计时

挑出企图蒙混的税目

挑出假公济私大吃大喝的发票

在一是一　二是二的原则中

张克犹如一个严格检验员

有人为其取了绰号

老抠　铁公鸡　傻冒

而他依旧不断查出无数的假冒凭证

张克所在的会计师事务所的业务扩展到日本

又开展了咨询服务

竭心审计　每一项预算与实际支出

立足的根本是规章制度

即为人信　求道永　执事中　取法和

重内功甚于重市场

重信誉超过一切利润

立公信服务国家

服务于社会各个阶层

月底和月初是填表时间

张克所在的会计师事务所的底线是事实事求

岁岁年年　周而复始

年年岁岁　持之以恒

如一个勤学苦练的会计

背痛椎麻　苦练基本功

胳膊酸胀　在账户的流水之间

层层筛选出准确数字

赢得了国际地位

# 第四章 人民记忆英烈篇

在狱中　写下最温暖的文字

是故乡秋天的颜色

为了新中国　前进

经典口号从未离开集体记忆

在鸭绿江以北　在朝鲜的白雪中

一棵棵雪松的志愿军

是堵机枪　是炸药包　是救人英雄

是朝鲜老妈妈最亲的儿子

有一本日记感动了一个时代

有拦阻惊马的闪电霹雳

还有盐碱地中种出的丰收稻谷

## 方志敏笔记

今夜的星星　是《可爱的中国》的字钉

是烛光穗草的田地

狱中的方志敏陷入了夜色

那些通往远处歌声的一串血滴

是星星的稻米的故乡

《可爱的中国》温暖信仰　温暖灯盏

那是江西怀玉山上的一片枫叶

那是红军的帽徽领章

是怀玉山的血液号声

是《可爱的中国》中的动人情节

牢狱的脚镣拴不住思念的那一片月光

认准真理　坚强到每一块骨头

在《可爱的中国》里

受伤身体如同红 10 军的又一次突围

字里行间　有红 10 军的骨骼

标点符号　是赣江聚合的空前洗礼

带着甜味的歌谣

是一条巨大横幅的红军口号

是蝴蝶花开的秧田

是贫苦农民分到的粮食

这是《可爱的中国》的饕餮盛宴

虽然卧在黑夜中间

左边是黑暗　右边也是黑暗

心中就是一盏明灯

在《可爱的中国》里渗出一片荣光

一声鸡啼的笔锋完成一次分裂

鲜血火焰燎向远方

## 董存瑞喊出经典

为了新中国前进　这是解放战争的号角
在枪林弹雨中激荡弥漫
董存瑞拉燃了炸药包的导火绳
一声巨响让 1948 年的隆化战斗
涌出潮水般的震撼冲锋
化为硝烟里的凯歌
引来经久不息的回应
引来一座座火山的爆发

许多年来　后来者读着课文
寻找着经典大喊的出处
来到河北怀来县南山堡村庄

董存瑞就出生在这里

背靠山丘的村庄

仿佛穿着黄棉袄的军装

打开的房门张着大嘴

顶起的房柱是经典大喊的英勇

是手举炸药包的庄严信仰

南山堡村庄因为有董存瑞的英勇壮举

成为了爱国主义的教育基地

那一句为了新中国前进

一直是时代的象征

无论岁月怎样更迭变化

那七个字始终不懈　始终如一

是祖国的重要部分

是人民的意志灵魂

继续响彻大地

继续响彻云霄

## 杨子荣屹立雪峰

林海雪原的积雪马蹄

一串嘚嘚的蹄声闯入匪巢

抬头是山　放眼是树

说着土匪黑话的杨子荣是解放军的侦察排长

他立足于坡顶　是打入匪巢的百鸡宴执行官

以演习名义传出暗号

一棵粗大的桦树就是情报站

匪巢里的杨子荣

在明枪暗箭里　潜于阴险中

随时打开手枪保险　随时抽出刀鞘的匕首

即使睡着了　也睁着一只眼睛

情报送出去了但匪情随时会发生

杨子荣撤回百鸡宴暗哨

看住匪首座山雕　在座椅下的暗道

直通一片白茫茫的野狼嚎叫

为了全歼土匪　每一个细节都要策划

杨子荣每吐一个字都严格审查

土匪的黑话杀机四伏

吃土匪饭做解放军活的他

在刀尖上镇静舔血

在匪巢里布下一颗定时炸弹

是保证胜利的卧雪猛虎

杨子荣牺牲时　没有留下一句话

就像一棵静悄悄的雪松

冰肌雪骨　在云雾里时隐时现

云雾缭绕　是红日雪景

一束光线从下而上　四处放射

犹如英雄的大无畏精神　分外耀眼

## 杨根思血溅高地

1950 年 11 月 29 日　朝鲜 1071 高地
志愿军英模杨根思引燃炸药包
纵身扑向一群侵略者
在爆炸中　美国星条旗被撕成碎片
王牌部队被炸得没有了脾气

杨根思是捅弯的刺刀
是最后的子弹
是孤身一人的冲锋枪
引燃炸药包的杨根思
是志愿军的旗帜
让祷告的美军鬼哭狼嚎

是横尸遍野的东西海岸

阵地上只剩他一个人

是一包炸药的 1071 高地

入朝作战前

杨根思是战斗英雄

用一个炸药包当成一门大炮

俘敌一个排

用十八颗手榴弹造出土飞机

用红缨枪缴获了日军钢枪

踹开日军碉门

化作密集子弹

精准点杀一个个日本鬼子

是中国华东的战斗英雄

穿着单衣单裤跨过鸭绿江

进入朝鲜战史上的功勋序列

牺牲后的杨根思

令朝鲜金日成脱下军帽

感动得走不出悲痛情绪

彭德怀题词赞誉道:

中国人民的优秀儿子

国际主义的伟大战士

志愿军的模范指挥员

## 罗盛教抢救朝鲜儿童

1952 年 1 月 2 日　清晨的朝鲜

白雪覆盖着一个滑雪场

罗盛教路过封冻冰面

看到几只雪燕

那是几个滑雪的朝鲜儿童

他们带着拥抱冰雪的快感

带着战时宁静的美好

如同在冰上跳起芭蕾　时而翩翩起舞

时而腾空跃起一团白雾

时而原地旋转　时而金鸡独立

竖起一个定位的身子

殊不知　在平静的冰层下

暗流涌动的危险锋刀　不动声色

当一个男孩滑到冰层薄处

冰魔突然撕破了冰冻缝隙

巨大的冰窟把滑冰男孩吞进肚里

一声声呼唤着母亲

几个滑冰男孩被吓得东倒西歪

一座座坍塌的冰峰

不知所措地看在眼里急在心里

路过此地的罗盛教　听到喊声

像闪耀的雪光　一头扎进了寒冷的冰窟

托举朝鲜男孩

让一位母亲不再伤心

让朝鲜又多了一个人民军

气极败坏的冰魔转身扑向罗盛军

冰刀捅破了他的棉服

割开棉花　割开保暖的棉布

捅进了这位志愿军战士的心脏

# 邱少云在烈火中

1952 年 10 月　在朝鲜平康的 391 高岭

埋伏着志愿军的攻击部队

担任爆破组突击任务的邱少云

是美军阵地前沿的一堆荒草

壮胆的美军观察哨打出燃烧弹

打燃了邱少云身上的荒草

引燃一片火海　一条条火浪张牙舞爪

撕裂邱少云的身体骨头

吱吱的火苗卷起一股股火潮大风

美军观察哨拿着望远镜

直到荒草燃完也没有发现目标

一动不动的邱少云是秋季战略攻势

一动不动是志愿军的胜败结局

烈火烧得邱少云体无完肤

两只手挖着匍匐的冰冻雪土

血肉坚持了一片红色

骨架做出了难以置信

让意志完成了不可能的忍受极限

让毅力创造了精神

美军观察哨看见荒草火势

断定里面有一棵小树

不是噩梦般的中国人民志愿军

不是夺命的神兵天将

观察美军哨拿出牛肉罐头

抽起雪茄烟

浪荡地拿出美女照片

那是曼哈顿的摩登女郎

伪装成荒草的志愿军战士们

默默地望向邱少云

他们难忘战友在烈火烧身时的一声不吭

他们记得战友那插入朝鲜冻土中的双手

那是前沿阵地

左手是朝鲜

右手是祖国

家国情怀在两手之间

## 勇敢飞蛾向秀丽

1958 年 12 月 13 日晚上

20 公斤的无水酒精瓶突然摔倒了

广州制药化工车间的向秀丽

迅速反应　但无水酒精还是流了出来

如果碰上易爆的金属钠

工厂会被火海吞噬

此时向秀丽的衣服已经着火

她踏着如风火轮般的鞋子袜子冲了上去

毅然决然犹如勇敢飞蛾扑向熊熊烈火

把身体当作卡子　卡住无水酒精瓶

就是卡住了大规模的爆炸

卡住了最后的关键一步

化工车间得救了　向秀丽却被烧伤了

大面积烧伤浇灌了盛开的花朵

躺在医院面对一朵朵鲜花

腼腆的她平时就是个害羞的姑娘

却笑着安慰来医院看望的车间工友

如果密封元件烧毁了

恢复生产不知要等到猴年马月

向秀丽抬头又对搅拌机操作员说

不能用手替代机器操作

如果化工车间烧毁了我们生产怎么办

拉着换热器操作员的向秀丽

安慰她说　别哭了妹妹

在当时的状况下你也是一个英雄

能够做到保卫国家财产就是共青团员

换热器操作员慢慢止住哭泣

又俯下身说　你是勇敢飞蛾

把所有危险都留给自己

把化工车间当成生命

## 闪电霹雳欧阳海

1963 年 11 月 18 日清晨

茫茫白雾　喷着蒸汽的火车一路急行

蜿蜒山路数着湘江边的枫叶

欧阳海部队正在野营拉练

钢铁巨兽 282 次列车高兴地长鸣

在一个急转弯的峡谷

惊怒了在铁轨旁行军的驮炮黑骡

黑骡驮着重炮蹿上了铁轨

就要人亡车毁之际

欧阳海毅然冲上铁轨

他的行动犹如闪电霹雳　没有丝毫犹豫

以年轻的生命积蓄的厚重力量

以 22 岁的黄金岁月推开了驮炮黑骡

让雷霆万钧的 282 次列车　安然无恙

钢铁巨兽撞倒了欧阳海

282 次列车停下来了

一个坚强身躯换来一千多条生命

欧阳海血染的京广铁轨像两道泪线

长久地呼喊着战士的名字

在收音机里热播的英雄事迹

是新闻报刊的聚焦热点

作家金敬迈的长篇纪实文学《欧阳海之歌》

成为寻根英雄故乡的热门话题

使湖南省桂阳县一夜爆红

许多人发现桂阳县的东塔

就像挺身而出的拦惊马英雄

## 王杰的“两不怕”精神

1965 年 7 月 14 日

在当时的江苏邳县张楼公社

工兵营地爆连 5 班班长王杰在训练民兵

一个民兵误将炸药包拉燃

在死神撒开大网时

惨不忍睹的爆炸事件就要发生

这时王杰压住炸药包

在震天撼地的巨响中

12 条鲜活的生命从阎王殿里逃了出来

王杰生前曾在日记本里写下

一不怕苦　二不怕死

八个字的两不怕精神是来处也是去处
记下了一个人活着的根本意义
是一个时代的连绵起伏
成为伟大的意义
成为祖国山河一片红
毛泽东主席题词赞成这八个字的口号
直到现在　两不怕精神仍被广泛认同

江苏邳县张楼公社的山山水水
两不怕精神如影随形
长在一片山中
从云间奔向一片片花朵
长在一片稻谷里
如金黄八月的甜美果实
在两不怕精神的哺育里
张楼公社的民兵　年年获得先进
很多人戴着光荣的大红花
更多的后来者愿意传承英雄薪火
把两不怕精神当作自己的座右铭

## | 轮机兵麦贤得

1965 年　在“八·六海战”中
疯狗的敌舰乱扑乱咬
吐出一串炮弹咬伤了麦贤得头部
轮机兵的脑浆溢了出来
粘住眼睛　头晕目眩地骑上狂奔海马
双手操纵 611 战舰的轮机兵
心里如一片蔚蓝大海
如果停车　左主机就会葬身于炮火
右满舵就会葬身于大海

轮机兵就像血染的海涛
驾着战舰在几丈浪高的海上

一会儿跌入波谷　如溢出的脑浆
一会儿蹿出波涛　如满脸的鲜血
轮机兵的生命危险也一步步靠近
不能让 611 战舰躺下
成为浪峰波澜里的英雄虎胆
轮机兵是精准的炮弹

直到海战结束　轮机兵才倒下
轮机兵倒在进港的命令里
倒在休整待命的指挥中
看着 611 战舰　看着熟悉的舵盘
在舵把上渗出脑浆的轮机兵
仿佛还在前进三的速度里
留在舵盘上的鲜血
变成了英雄 611 战舰的鲜花掌声

## 雷锋日记

一本日记里全是满满当当的正能量
爱祖国　悄无声息地做好事
爱时代　节约每一个铜板
雷锋在日记中　记下了旧社会
就是他 7 岁时被地主砍手留下的刀疤
记下新社会　自己当了拖拉机手
成为新中国的主人

新社会平等自由
如同甜蜜花朵
都是大爱的矜持笑容
都是抵达内心的暖意

在日记本中的一双旧袜子

是新三年旧三年　缝缝补补又三年

是每月节约出来的津贴

捐给人民公社　捐给遭受洪灾的村庄

在列车上出差的雷锋

行一千里路　好事做了一火车

擦车玻璃如擦自己的眼睛

打扫地板如打扫自己的寝室

给旅客倒开水　提醒开水温度

注意烫手别溅了出来

在日记里有聚宝箱

仿佛是部队车队的小型维修厂

有一堆不同型号的旧铁钉

有一个个大大小小的螺丝帽

一双双旧手套洗得干干净净

随时准备派上用场

火化的牙膏皮就是几块铅块

汽车的油箱漏了填补上去

雷锋写下的一段日记　被谱成歌曲

由藏族歌唱家才旦卓玛倾情演唱

听了“唱支山歌给党听”

毛泽东带头鼓掌　周恩来热泪盈眶

五十多年来

只要才旦卓玛唱起这首歌

雷锋日记和雷锋精神便立刻被人们想起

## 刘英俊勇拦惊马

1966 年 3 月 15 日　佳木斯市郊的战马
在训练时突然冲向公交车站
等车的 6 名学生吓得一动不动
如一个个木偶站在原地
解放军战士刘英俊冲向了惊马
被跃起的惊马踢中头颅
喷出鲜血　血染的红帽徽红领章
成为黎明最红的颜色

刘英俊勇拦惊马救下 6 名学生的事迹
让佳木斯人感动得热泪盈眶
为刘英俊修建了纪念公园

这是城市的深度色彩

这是城市的精神家园

佳木斯人沿着纪念公园走一走

寻找可贵精神　出自何处

在花朵和草坪中

那些脉络清晰的黑土忘不了历史

这片土地的原住居民

在大雪纷纷的三江沃土上与暴雪抗争

伐木盖房　把貂皮帽子戴在头上

在驿丞村官屯凿开冰雪

捕到了一条条肥鱼

原来　勇拦惊马的精神

是佳木斯城市传承的勇敢性格

佳木斯人塑起的雕像

有平畴画卷的稻谷麦子

有冰雕艺术的赞歌

松花江围绕勇拦惊马的纪念公园

江水悠悠诉说着英雄的故事

# 杨靖宇的胃肠棉花

在小学课本上就读到了杨靖宇
一棵青松在峰峦中哗哗作响
就像指挥抗日联军顽强的射击开火
日本法西斯研究的不是尖端武器
而是杨靖宇只有树皮和棉花的肠道胃囊
胃肠里的棉花如一颗颗子弹
让侵略者付出沉重的代价
那年的冬天大兴安岭冻白了脸
长白山也白了头发

如果杨靖宇胃肠里不是棉花
而是稻谷或是一坨高粱

哪怕是几粒小米　情况肯定大不一样
他有可能挺过难关　挨到祖国的礼炮轰鸣
功勋卓著的他会肩扛一颗颗闪闪的金星

几十年过去了　杨靖宇胃肠里的棉花
影响了一代又一代人
它象征着百折不挠
它诠释了艰苦奋斗
然而杨靖宇将军并不知道
现如今有个别人仍铺张浪费
餐桌上的烤乳猪只撕了一下耳朵
一只全鸭一动未动
一条大鱼只吃了几根葱子

在炎热的夏天
蝉鸣中有人想起了杨靖宇的胃肠棉花
翻出小学的课本再读一遍
好多人都辗转反侧

# 赵一曼的双脚

坐下来吧　闯过封建礼教的赵女士

看你那双大脚

冲出买办婚姻

一冲就上了小兴安岭

做了一名抗联战士

那条缠你小脚的白布

早已被你抛远

脚上有枪伤　你还能坚持多久

你跑得脱买办婚姻的枷锁逃得掉围剿么

还是下山奔回四川宜宾　做个小妾吧

李家地主照样吹唢呐抬花轿送彩礼

张妈端来肉汤给你摇着蒲扇
赵妹打来洗脸水并送来香脂
脚不用挪动一步
烟枪便自己进门
侧身吸烟赛过活神仙

怎么　你誓与抗日联军共存亡
可你忘记了自己柔弱的双肩要承担多少艰险
况且你的右脚早就化脓
前方的路荆棘丛生
日寇在小兴安岭大兴安岭埋伏了关东军
长白山也被围成钢盆铁桶

同村的刘二妹　嫁给了李家地主
对身边的几个丫环颐指气使
三寸金莲摇风碎玉藏于旗袍
脚踩一只鸡　腿踢一只鸭　威风无比
哪像你脚踹一窝野菜就狂喜不已
脚趾碰着山上的一堆野果　就立即分给战友

怎么　你还执迷不悟　还在与日寇周旋

你说那双脚已是桦林树的枝丫了

必要时可以当枪使用

还可以将它们当成手榴弹扔出去再收回来

后来你真的用脚踢翻了几个侵略者的头颅

日寇枪杀你时专门俯下身体

对你那双坚实硬朗的大脚行注目礼

## | 刘胡兰倒在铡刀下

15 岁刘胡兰本是一个孩子
却组织村民做出一双双布鞋送给解放军
她还发动群众连夜烙饼　做窝窝头
站在村口欢送出发的队伍

在人民心中
刘胡兰是山西文水县周西村的土改运动
是支援解放军的担架救护队

1947 年的冬天　夜晚漆黑一片
敌人突然袭击村庄
将这名 15 岁的党员押向刑场

敌人的铡刀狂怒

只要不说解放军去向

残暴的大铡刀就会铡断头颅

刘胡兰面向铡刀吐了几口唾沫

挺起胸膛是刚强不屈的大山

令敌人的铡刀咬牙切齿

15 岁的刘胡兰怒目而视高呼口号

吓得敌人的铡刀胆战心惊

一阵鬼哭狼嚎

在敌人铡刀下

刘胡兰的鲜血是坚守的信仰

是周西村庄的胜利果实

为此

毛泽东写下“生的伟大　死的光荣”

成为了教科书里的页码

## 江竹筠血指绣旗

手指上的血液　仿佛是一根根红线
是竹签子钉入的十指连心
是凌晨时分的曙光
渗血的手指　绣出一个新中国
绣出黑暗中的黎明
血指绣旗　一针一线地深情向往
绣出永不叛党的庄重誓言
绣出彻夜激动的光环

1949 年的冬天　重庆歌乐山很冷
很黑的一间女牢却激情四射
血指绣出更远的心声

那是一团漆黑里的神圣使命
是解放军的隆隆炮声
是歌乐山上的一朵朵红梅
是黑暗的尽头
面对黑暗的牢狱
驱除黑夜的血指
是坚韧不拔的歌乐山
是坚不可摧的不朽豪言

血指在牢狱里展开了五星红旗
闪烁着一大片血液
每一滴血　融进了歌乐山的所有星光
结伴而行地一起迎接日出光明
五星红旗心潮澎湃
是结束所有苦难的希望所在

敌人大屠杀在黎明之前
血指绣出的五星红旗冲出敌人的牢狱
是突围的骨架　是搏斗的战士

没有丝毫的恐惧

只有信仰在黎明前最黑暗时的怒吼

唤出了歌乐山上的太阳

## 黄继光飞身堵枪

1952 年 10 月 12 日
请战通讯员　急得双眼通红
如同激战的昼夜
如同身中数弹的战旗
打红的枪管是猛虎扑上山顶
飞身堵住敌人的暗堡火舌
让血肉之躯成为通往胜利的总攻通道

飞身堵枪的志愿军　身下是朝鲜半岛
身后是鸭绿江畔或更远的地方
这之前　黄继光已被敌弹击中左腿
拖着的右腿血路使朝鲜泪眼模糊

使上甘岭心痛不已地惊呼

597.9 高地爬起来又倒下

撕心裂肺　坠落在枪炮声的山间

朝鲜的三所里发出一声长叹

龙源里的志愿军急忙赶来

新兴里的志愿军连夜起程

黄继光留下的精神财富

留下的英雄凯歌

是全歼美军骑兵一师的武器

打得第一次世界大战王牌师声名狼藉

在冲锋号的飞身堵枪中

597.9 高地所向披靡

投出一颗颗手榴弹

发射出一串串子弹

是封锁敌人退路的屏障

是打退敌人进攻的阵地

# 第五章 甘于奉献劳模篇

牺牲小我方可成就大我

每个人都不是绝对独立的个体

与人为善　乃为人之本

凡是付出全力　只求无愧于心

把牺牲和奉献合成一体

构建我们肩并肩生活的现代社会

就像一个大家庭

谁有困难大家都会出手援助

## 学雷锋标兵郭明义

公路管理员郭明义无偿献血

已经有二十几年了

学习雷锋争当标兵是一个自觉的行动

如温馨的三月桃花

送给需要帮助的人们

让手臂成为血源来自一次突发事件

2007 年的鞍山市血源枯竭

急得输血车双眼闪烁

急得红十字标志在街上跑来跑去

知道消息的学雷锋标兵赶到医院

他毅然伸出的手臂之后

还有几百双献血手臂

让鞍山市输血车激动得按响喇叭
几百双献血手臂由学雷锋标兵带来
一个班组就是小型血库
一个车间的血源如滔滔长江
学雷锋标兵已经带头献血了太多次
他的献血浇灌了无数即将枯萎的生命之花
令其得以重新绽放
医护人员说了好多感谢的话语
灌满了献血者的耳朵

学雷锋标兵是车间主任
是最累的冲床　是不怕危险的高压线
是每天提前两小时上班的吊车
是每天下班的延后两小时
收入本不高的他却向山区儿童伸出援手
节衣缩食汇款给山区
让山区儿童有了书包
让山区儿童有了课本
让山区人民有了希望

## | 刘义权：让烈士说话

解放军历史管理档案员刘义权

把那份特殊的档案放在面前

伙夫张哑巴　真名不详　4 月 18 日牺牲……

这几个字就是硝烟弥漫战场

是朝鲜的松骨坡

是不能说话的志愿军烈士

经常读着档案的刘义权心里一直在想

张哑巴是陕北的信天游

是大兴安岭的白桦树

还是江南的乌篷船

怎样让志愿军烈士开口说话呢

刘义权摸着模糊的字迹

走进七十年前的只言片语

张哑巴挑着馒头走向枪林弹雨

跃战壕　一个个馒头补充一发发子弹

奔前沿　一个个馒头是一把把刺刀

张哑巴撤出阵地

在返回路上　被敌机燃料弹击中

张哑巴成为了熊熊烈焰

成为了战旗鲜红的朝霞

经过多年查找　刘义权找到了线索

来自四川大巴山的炊烟

从炊烟里拼出地图

张哑巴是悬崖上的岩耳

虽长着耳朵但听不见枪炮声响

在张哑巴的出生院坝

刘义权把烈士证明书送到张哑巴的亲属手里

鲜红的大印如笑逐颜开的太阳

仿佛是张哑巴开口说话了

## 铁骨硬汉宋文博

因连续抗洪抢险和劳累过度

一身戎装的宋文博　突然倒下

一座 36 岁的铁骨壮山

在猝不及防时　突然坍塌

让湖南省洞口县捂住胸口

一辆辆消防车默哀敬礼

一根根消防水管疼痛难忍

一个个抢险的破拆工具蹲在地上

19 年来　宋文博多次与死神擦肩而过

把人民的利益放在国徽里面

筑起一座爱民的桥梁

筑起抗灾抢险的制高点

他身上的伤疤如一枚枚军功章

在一枚枚军功章里

风湿关节炎如一堆虫子

蛀空了宋文博的骨架

往里面灌了许多山西老陈醋

喝空了宋文博的骨液

只要天气变化

宋文博的双臂便酸得像泡菜缸子

痛得他咬牙切齿　恨不得把双臂砍去甩掉

宋文博的腰肌劳损也不是一天两天了

骨质增生肆无忌惮

继续扩大面积　增加了骨刺

有一张睡床很早就知道

宋文博稍不注意就被骨刺扎入骨肉

疼痛像个不速之客

不定时　在宋文博出警时找上门来

不定点　在宋文博休息时不请自来

不可能将其拒之门外

## | 陈家顺：农民工的贴心人

挂着卧底局长　养猪局长

潜伏局长　招工局长的一堆头衔

陈家顺还兼任云南沾益驻浙江义乌劳务工作站站长

累得腰酸背痛还隔三岔五体验不同工种

想方设法摸清企业的运作程序

为农民工讨薪积蓄资源

到宝亿制鞋厂打工的陈家顺

是成品工序的检验员

是包装箱上的封胶带

他摸清了上不封顶的用工政策

让 350 名农民工进入制鞋厂

又如一根绳子

紧紧拴住与农民工的朝夕相处

进入制鞋厂的农民工

让产品结构发生革命性变化

从单一产品转向贸易开发

有舒适老人鞋　有健步如飞的运动鞋

还有一天天多起来的童鞋

陈家顺每一次从家乡带农民工出来

千叮咛万嘱咐总是婆婆妈妈

还建起了网络微信平台

以劳务产业为龙头　乡镇为纽带　村委会为基础

自从当上了劳务站站长

陈家顺化解了 1000 件劳务纠纷

血汗钱陆续回到农民工的手上

这位农民工的贴心人还自发地当起了红娘　牵线搭桥

帮助了多名小伙子

迎娶了自己心爱的姑娘

## | 赵世术书写大爱

妻子的腰背是赵世术的教书行程
背着他去村里的学校教书已经很多年了
赵世术是学校的几块黑板
有拼音和汉字　还有阿拉伯数字
用残指绑上粉笔书写大爱
那双曾经壮硕的大腿呢
十个脚趾被李堂河雪水收走了
腿骨被李堂河雪水抽取了
脂肪被李堂河雪水吸掉了
患上了肌肉萎缩症的他甚至无法站立

李堂河上没有桥　学生来自十里八乡

人民教师赵世术自愿当起了桥梁

一趟趟往返于河水之中

几年如一日地背学生们过河

从溶洞中流出的河水冰冷刺骨

冻伤了赵世术的双脚

渐渐毁坏了他的双腿

学校领导劝赵世术不要教书了

可他放不下快毕业的学生

心急如焚的他想到了自己的妻子

她虽身体单薄　但勉强能将自己背到学校

泥泞山路像一条泥鳅

他们摔倒了太多次

山下的李堂河水见此情景

无能为力地低声呜咽

赵世术告诉大山的花朵

诗意和远方就是大山里的学生

就是大山将来的精彩世界

## 叶如陵的爱心小屋

西坝河西的社区委员叶如陵
是一名普通的退休医生
曾经是西藏高原的洁白哈达
是深夜出诊的救死扶伤
在社区里　就是邻家的爷爷
喜欢与居民唠家常

时间久了　社区居民都知道了叶如陵
王大爷早年患上肺气肿
叶如陵开出便宜药方
他就不用到医院排队候诊了
几服中药　改变了徐大娘的胃肠功能

免除了她凌晨两点挂号的烦恼

叶如陵还制作了医学幻灯片

义务为老人们讲解

他们的血管如自来水管

管壁会生锈掉渣的

掉落的渣子会堵塞血管通道

严重的话会造成脑溢血或半身不遂

让人终身与病床相依为伴

他还告诉老人们不要为骨质疏松而惊慌

这是一个人生命中的正常现象

流失的钙可以从牛奶中获取

也可从一些蔬菜水果中得到补充

叶如陵与红十字会联系

在社区引进医疗服务　建立爱心小屋

每周星期三是关于冠心病的咨询

星期四的主题是糖尿病和胰岛素

星期五是治疗关节炎的方案

叶如陵的爱心小屋犹如一抹高原红

他好像又回到了拉萨

再次投身于医疗卫生事业

他仿佛找回了自己献给西藏的整个青春

## 罗玮：感天动地

一朵 19 岁的鲜花

是中国器官移植史上非亲活体无偿捐肝第一人

大爱无言

为了挽救一个陌生人的生命

这个美丽的姑娘捐出了一叶肝脏

罗玮没有考虑自己的安危

也没有预料到男朋友会因此与她分手

可是陌生人送来的营养品

告诉她有很多人在把她牵挂

许多人问罗玮　为什么要冒着风险做这件事

罗玮说她也一直在问自己

人是什么　就是简单的一撇一捺

或山脉　或悬崖　或大河

或一堆土　或一块地　或一棵草

人生就像走路　或直行或转弯或退步

确定的每一步是为了下一步

罗玮说　世间充满了太多忧伤

当别人需要的时候

帮助一下就是善良就是在修德

捐肝后　罗玮创办了留守老幼的托管中心

把之前好心人的捐款作为启动基金

让贫困学生能吃饱饭　让孤寡老人有了棉被

她还带动村民们种植了几千亩核桃和李子树

利用闲置土地　带动劳动力

通过规模经营　罗玮让核桃参与市场竞争

拉开了一条产业经济带

越来越多的村民看到了发展前景

纷纷加入到她的合作项目中

## 春雨袁滨渤

袁滨渤是中学老师

喜欢为学生写新年寄语

经常和学生一起互动

批改作业的勾勾叉叉都充满着情感

勾勾是鼓励　是重锤敲击响鼓

叉叉也并不是一叉了之

它们后面往往跟着很多暖语

学生戏称袁滨渤老师为春雨

她会表扬小淘气把计算器送给贫困同学

她也会夸赞捣蛋鬼打乒乓球得了第一名

袁老师对上课不听讲的小皮球非常关注

让笔尖做出深刻的批评

让墨水流出许多的关爱

放学后她把小皮球叫到办公室

了解到小皮球的家庭发生了变故

父母离婚了　小皮球想爸爸了

于是袁老师带着小皮球找到爸爸

还带回了一个足球

看到了小皮球踢足球的天赋后

她把小皮球送进了学校足球队

有时　袁老师把捣蛋鬼约到乒乓球室

向捣蛋鬼请教横拍的杀手锏

两人一起研究横拍的软肋和直拍进攻的前三板

班里的小淘气来自单亲家庭

袁老师常常会给喜欢音乐的小淘气购买演唱会门票

没想到小淘气居然为班歌谱了曲

袁老师高兴地为他鼓掌

脸上现出欣慰的表情

# 最帅交警孟昆玉

是北京机场公路的交通规则

是人行道　车行道　隔离带

是指挥交通运行的红绿灯

身穿反光背心的最帅交警孟昆玉

面对违章司机时的敬礼

搀扶老大娘过斑马线时的微笑

温暖着整个城市

当公路扩展之后　有些地段情况复杂

孟昆玉站在危险路口

用标准手势指挥着车辆

潇洒的身姿是今夜暴雪的叮嘱

北京高铁车站沿线　出租车像游击队
它们打一枪就换一个地方
还有一些散兵游勇毫无秩序地到处乱窜
孟昆玉见状立刻采取了行动
为出租车划线载客
对拒载出租车按章处罚
表扬拾金不昧的出租车司机
这一系列举措　使公路秩序回归正常
令出租车减少了许多罚单
出租车司机礼貌待客
乘客有了满意的乘车体验
双方带给对方的温暖
构成了高铁车站沿途最美的风景

有一天　孟昆玉乘坐公交车
车上的一位女士突发急病
驾驶员掏出速效救心丸
口袋里还准备了藿香正气液
最帅交警决心效仿

于是此后每一次在马路上执勤

他身边都会备有医疗箱

为摔倒的小孩递上创可贴

为中暑者送去风油精

在酷暑八月

人们心中的最帅交警依然不顾炎热指挥车辆

一位大妈为他撑起了大伞

还有人送来了可以消暑的绿豆汤

## 离休“八路军”解黎明

身穿一件旧夹袄

由几双鞋垫和破裤子组成

俭省到了极致

从牙齿缝里省出一个小金库

解黎明老人跑到邮政局　把离休金作为爱心捐出

捐给贫困山区

捐给那些不认识的失学儿童

一张张汇款单像一包包沙石

直奔发生特大洪灾的山西吕梁

如同一座座仓库

运抵抗洪抢险指挥部

在抗击非典战斗中

有一笔笔圈为特殊党费的爱心捐款

日夜兼程抵达北京小汤山

为小汤山带去了力量

2008 年 5 月　四川汶川发生特大地震

一笔来自山西临汾地区的汇款

变成了一瓶瓶矿泉水和一顶顶帐篷

为灾区人民送来了温暖

为新中国建立付出青春的解黎明

始终把自己当作八路军

灾区人民的疾苦　就是她的苦难

灾区人民的欢乐　就是她的幸福

因为这里是八路军根据地

这里的光荣传统还在继续

在山西省临汾的市容改造过程中

老人的第一笔汇款购买了一批绿化树

装点了这个城市

第二笔汇款换掉了马路上旧的窨井盖

此后马路杀手再也没有生意可做了

那些绿化树和新的窨井盖时常会想起那些汇款单

汇款人的姓名叫社会责任

# 史砚虹的卫生所

她的姓氏仿佛要打破历史

从小立志做白衣天使的史砚虹

贷款建起了卫生所

挂在胸前的听诊器随时听山听水

听出了雨雾的肺气肿

听出了山峦的异响

心急火燎的卫生所再次贷款

从理疗灯中发现胸膜炎

胸积水里还有一些不明物质

卫生所为此增加了防治措施

卫生所与一座座大山相连

北壕堑村村民患病的最典型症状是咳嗽
由于贫穷　村民把咳嗽不当回事
路途遥远　史砚虹自费买药发放
在墙上挂着人体构图的卫生所
标出胃十二指肠穿孔是由暴饮暴食所致
而晚上 12 点还在喝酒
肠癌的风险会进一步增加

史砚虹开展儿童免疫工作时
有些村民不懂　不让孩子接种疫苗
史砚虹心急如焚
她耐心地承担宣讲
又是墙报　又是标语
一条横幅挂在最高的树上
广播里一直播放健康知识

为了让村民花小钱治大病
史砚虹研究配方　让胃病患者减轻疼痛
让内分泌紊乱者恢复正常

她还为村民建立了健康档案

定时抽查　把村民身体纳入可控范围

上门服务　为患病村民悉心调治

她还采来大山里的中草药

带着一个药箱走村串户

守护着全体村民的健康

## 特殊卫士王宝强

铁窗下　光头男顶着窗口星光

两杯清茶冒出淡香

身着警服的王宝强对光头男说着

一辈子太短　有些道理不要懂得太晚

而最可怕的是一辈子不懂

之后他拍拍光头男的肩膀

继续强调　人生是一道迷宫

上半生寻找入口

下半生寻找出口

光头男抱着头失声痛哭

人生谈话是特殊卫士的心灵鸡汤

患有艾滋病的光头男非常倔强

自残破血　抗拒监狱改造

且以绝食要挟　殴打同监犯人

特殊卫士让监规果断出手

依制度把光头男关了禁闭

他了解光头男是一个孝子且有文学基础

便出现喝茶一幕

用真诚的语言打开光头男的心结

犹如打开了顽固不化的一把锈锁

王宝强接下来认真地分析起来

光头男走上岔道皆因贪婪作祟

不过走错了就要走回来

人生之路看起来很漫长　却也很短暂

至少要选择正确的方向将它走完

## 环卫工夏志国

大学毕业的夏志国拿起扫大街的扫帚

每天扛铁铲　清晨围攻垃圾

黄昏拉着板车返回

有人认为夏志国吃错了药

夏志国却只管干好自己的工作

每日都累得浑身发酸

一杯浓茶便驱走了疲倦

用凉水冲头的他常以湿巾敷面

挺过早晨不想起床的生物钟

几年以后　夏志国走上领导岗位

采用大数据统领主次干道

在长街小巷　分区分片分组

网络化管理　定岗定人定任务

街道清扫的效率翻了几番

有一年　特大降雪使春节筹委会担心起来

不知庆祝新春的演出活动能不能按期举行

夏志国立下军令状

撒盐化雪　保证了秧歌舞汇演

使春节联欢会圆满成功

春节筹委会送来了感谢锦旗

支援了一批扫街工具

夏志国建起了职工援助中心

重点倾斜一线职工

让环卫工人卸下生病包袱

让环卫工人吃到热腾腾的饭菜

为了减少呼吸道感染

一个个口罩发到他们手上

一个个手套保护冻伤的双手

## 巾帼女英王桂兰

是一粒种子　是土地的女儿

王桂兰把一个村庄发展成税源型工业

以土地置换成立酒业公司

以葡萄完成商标注册

王桂兰抢先注册了正二村白酒商标

在黑山　正二村白酒是贵宾

在阜新　正二村白酒是上门女婿

在义县　正二村白酒是过年串门的亲戚

组织富余劳力生产豆芽的王桂兰

把豆芽卖给农贸市场

带着一群群农民工走出正二村

在沈阳修建摩天大楼

在正二村引进美容美发行业

把正二村扮成新娘　庄稼汉争当新郎

王桂兰利用正二村紧靠高速公路的优势

把一群群鸡鸭送出村外

把一群群牛羊拉到屠宰场

积极兴办农贸市场的王桂兰

引进大棚蔬菜的栽培技术

引进苹果梨子和蜜桃

一车车白菜增加了正二村的进项

一筐筐水果变成了正二村的名片

后来王桂兰患上了白血病

却依然在为正二村找政策想办法

深入村民家里　和他们谈心

照顾留守儿童

帮助留守村民解决困难

代交电话费　提供买菜服务

消除了正二村出外打工的农民工的后顾之忧

## | 片警宝音·德力格尔

内蒙古乌拉特后旗潮格温都尔镇

面积非常之大

为弄清准确的乡镇区域

片警以一棵树定位

作为测量　作为一个地标

让野草成为联系通道

让沙漠凝固的一段河槽标出视野

通过沙粒和粪便判断一群马或一群羊

经过东滩大敖包的准确数量

西山是饲料集中点

南面是元朝铁木真的军事要塞

被誉为草原活档案的片警

给孤残老人送去羊皮袄

给聋哑人福利院带去光明

给辍学儿童送去课本

有一天　片警得知有人喝了农药

立即赶往几百千米外的蒙古包

从阎王手里夺回一条生命

让一个家庭完整无缺

让一个家庭不再悲伤

片警是草原的一匹骏马

驮着一棵棵大白菜翻山越岭

送到放羊地　驮着一箱箱药品

送到深处的戈壁荒漠

在到达牧户家的路上

1672 平方千米　是片警默默无闻的故事

是片警为牧民服务的宗旨

是一段段测出来的忠诚尺寸

## | 邮递员王收秋

看见一个移动的邮电所

从泥泞的山路拐进了村口

王收秋的邮递车响起了一串铃声

在后座上　有鼓囊囊的邮包

有花花绿绿的报纸杂志

有一封封信件　有一张张汇款

还有远方的叮嘱和笑颜

在互联网尚未普及的时代

邮递员还是大山深处与外界沟通信息的桥梁

村里的小芳嫁给了身在雪域高原的龙哥

小芳望穿秋水

对镜梳妆的上弦月慢慢成了下弦月

邮递员送来了来自昆仑天山的问候

为小芳带来了温暖

她高兴地像从村东叫到村西的喜鹊

为了投送一封特快邮件

王收秋是深夜 12 点　是夜晚风雪

是爬山涉水的黎明朝霞

敲开了矿场收件人的大门

裹着棉被还在哆嗦的收信人以为是梦中雪峰

看到一座雪雕

脸上是黎明　鼻子是晨曦

邮递员还原了昨晚的大雪

这是邮递员 30 多年来

走的路相当于绕地球 10 周

投递邮件 60 万件

从来没有出现误投的缩影

## | 管理员李影

在小公厕里张贴好多提示语言
李影为每一个人送去了温馨的感觉
上海闸环的小公厕是大公益
管理员是每天服务的窗口
用拖布清理异味　点蚊香驱赶蚊蝇
来来回回注意潮湿地砖
悬挂“小心地滑”的警示牌
为了提醒抽烟者
她会把烟灰缸放在醒目位置

李影负责的小公厕成为便民点
摆着应急的小药箱

有常规的泻立停和阿司匹林

洗手台上还有针线盒

一根针连接一片情　一条线连接一颗心

遇到老人李影就扶一把

说一声温暖如春的“注意安全”

让轮椅上的残疾人涕零泪下

在小公厕旁边做了一排长椅

栽植了盆景花草

在一方石上

写着“花与文明同行　绿与健康常伴”

小公厕大公益是上海的文明窗口

是这位管理员的工作场景

在小公厕里挂着上海照片

有黄浦江的东方明珠　有万国建筑群

有外白渡桥　有城隍庙

有江南水乡　有朱家角镇的夜泊水景

还有这个城市美好的月光

## 送电工吕清森

一顶可谓大山铁塔亮点的安全帽

一套朴素的工作服

一双穿越崇山峻岭茫茫林海的绝缘鞋

一副爬上铁塔必不可少的绝缘手套

吕清森身背装着望远镜　扳手和钳子的工具包

一条海拔 1100 米的输电线路

是千家万户的团圆欢聚

是热热闹闹的风向地标

无论严寒还是酷暑

吕清森一直坚持工作

在地理位置复杂的路段

他也要排除冻裂导线

一把铁铲是清理厚冰的工具

冻僵了的他早已顾不上高山反应

血压和血糖都不再正常

昏厥中仍牵挂着输电线路

没有热气的风向观测站

可能出现问题

坚持起身的送电工拍了拍身上的大雪

细数着一个个前行的脚印

33 年来　吕清森记下了几十本巡线记录

把每一次巡线都当成学习和积累的过程

他的双手伤痕累累

记录了这位送电工多年来的无私奉献

这条海拔 1100 米的输电线路

是送电工一生的历程

## 渤海之滨邵春亮

托起大爱的邵春亮
在大连理工大学　担任新疆学生的老师
把天山天池当成女儿
把胡杨林当成儿子

新疆学生来到大连学习
邵春亮成为他们的起床哨
让他们从南跑到北
让他们坚持做广播体操

一位男生不小心骨折
邵春亮陪护了十天

每天早起煮好鸡蛋　煮熟苞米

六点前就赶往医院

男生感动地说邵老师就是自己的老爹

为了感谢邵老师平日里对自己的关心和照顾

一个学生在新疆天山买了一个西瓜

坐火车一直小心地抱到大连

大连星海广场有一片铜印

从三寸金莲到宽大脚板

由浅及深　由黯淡到盛大　跨度一百年

邵老师带着新疆学生

讲述这一个个脚板就是中国近代史

从落后到进步　从贫困到富强

新疆学生纷纷表示在学成之后

就回到家乡贡献力量

## 李方洪一事当先

在抗洪抢险第一线

民警李方洪倒下了

倒在电线杆下的眼睛还睁着

看着磅礴大雨　无情地推倒大树房屋

不懂事的霹雳带着闪电

生怕事情搞不大的滚滚雷声

还嫌危险程度没有达到

崩着灰色从天而降

朝着向阳路派出所的政委砸来

从警 28 年　李方洪一直把危险留给自己

让年轻干警跟在身后

犯罪嫌疑人疯狂挥刀砍来

他大吼一声大步流星冲上前去

用手铐锁住犯罪嫌疑人

一个精神病患者　手挥铁棒

见车就砸　把公路堵得水泄不通

见人就打　随时会出现意外

靠上去的李方洪

一个扫腿扑住精神病患者

拆迁引发矛盾

民事纠纷呈上升趋势

李方洪像一个老师

办起了政策法规讲习班

讲拆迁筒子楼是为了美好生活

把群众认可的问题分成一个个单元

就像家家户户的柴米油盐酱醋茶

是把米放在前面还是把盐放在前边

掏心窝地实话实说

让每一个居民心服口服

# 第六章　助人为乐志愿篇

一个爱字　只有简单的十画

内容却丰富得无法形容

是血液里的精华　变成了氨基酸

是燃烧的脂肪　变成了蛋白质

帮助弱势群体帮助山野村庄

内心是最初的历史使命

体温是透明器皿

在爱字中　净化了每一次呼吸

像一丛枝叶向上的橙红

如同盛开的桃花

进入片片丰盈的春天

## “妈妈法官”詹红荔

儿叫一声妈　眼泪腮边挂

高墙里春风吹拂　苦盼枯枝发新芽

少年犯监狱的一首歌曲

是折翼天使送给法官妈妈詹红荔的礼物

是折翼天使打开自己心灵的窗口

法官妈妈在少年犯的眼里

满满的正能量拯救寂寥的夜晚

温暖着等待救赎的心灵

折翼天使被铁网高墙拦住了自由

却痛在法官妈妈的心上

买来励志书籍　送进铁窗

送进枯草中的新绿黎明

300 多名折翼天使如残缺的春夏秋冬

为了修复一个个碎裂星辰

法官妈妈帮助他们

一页页语重心长的信件

分析他们为什么摔了大跟头

告诉他们改邪归正方可重新做人

一个个折翼天使被法官妈妈唤醒

抬头看见从铁窗外射来的光线

为了让折翼天使回到学校教室

法官妈妈的嘴唇磨起血疱

教育局和学校两头跑

法官妈妈不愿看到走出铁窗的折翼天使

又成了断线的流浪风筝

把少年犯的称呼改为新生少年

用心良苦的法官妈妈

让最初的良知来到社会福利院

让新生少年慰问这里的老人

折翼天使们想起了自己的爷爷奶奶外公外婆

想起了自己的爸爸妈妈

想起了自己要早日回家

## 徐辉的工具包

三个 20 斤工具包

一个放在维修所　一个放在维修站　一个放在家里

燃气维修工徐辉时刻警惕

天然气发生意外谁也无法预判

三个工具包如同三餐

吃了上顿　下一顿就在途中

晚包在检查线路的风雪里

上门服务的徐辉敲开了房门

一脸愁容的用户说没气煮饭了

徐辉查出是燃气灶电池坏了

累了一天的他

瘫在公交车上赶往下一个地点

赶到用户家的徐辉查出原因

是用户忘记购买用量

徐辉的工作非常细碎

用户的难题都需一一解决

有时要更换老化的胶垫

有时要修补断裂的天然气管

有一天　他接到催命的报警电话

有客户在手机里吵闹

男方扬言要打开天然气阀门

和女人同归于尽

一路狂奔的徐辉恨不得把双腿变成汽车轮子

对于徐辉来说最难的是与人打交道

他常常会碰到形形色色的人

有的人嫌他来晚了　骂他动作慢得像乌龟

有的人则热情洋溢地递来矿泉水

随身带着服务名片的徐辉特别有服务意识

他的工具包里除了工具还有一块台布和一块抹布

以及一副总是特别干净的鞋套

## 钟杏菊的红十字药箱

在浙江省的壁下岛

医生钟杏菊独自撑起一个卫生站

她的服务范围除了壁下岛还有远处的大盘岛

所以时常要出诊治疗

这一天大盘岛传来了消息

有个老阿婆患上了急病生命垂危

乡村医生钟杏菊急切地背上红十字药箱

让丈夫用自家的机动渔船送自己出诊

因抢救及时　老阿婆终于脱离了危险

有位患者的咳嗽加重了

钟杏菊细心地为他开出了药方

在患者的咳嗽声中

钟杏菊忆起母亲被肺癌夺去生命的那个夜晚

那时钟杏菊很小

摆道场的巫婆披头散发手舞宝剑

捉拿看不见的狰狞病魔

凄婉的烛光像母亲的那张苦脸

越来越黯淡

母亲的离世让钟杏菊悲恸不已

也让她学医的决心坚如磐石

如今的钟杏菊往返于海岛渔村

为村民们送医送药

无论白天黑夜　刮风下雨

她出诊总是随叫随到

几十年来

钟杏菊一直不断钻研医术

为父老乡亲解除了病痛

成为了他们的贴心人

## 孔胜东转换角色

穿起绿制服的孔胜东是模范公交车驾驶员
而套上了红马甲他就会出现在自行车免费修理点
这个善举他坚持了 30 多年
孔胜东温暖了杭州中山北路
温暖了邻里街坊
每到星期六红马甲必然准时出现
横幅下的自行车免费修理点
会坚守每一个周六的夜晚

这位有口皆碑的模范公交车驾驶员
又成了人们心中为人民免费修车的活雷锋
有人认为他是心血来潮坚持不了多长时间

可孔胜东无论刮风下雨每周六都会出现

一干就是二十几年

孔胜东深知　家人的支持才是真正的动力

自己每一次来维修点前

妻子早已撑开了大棚雨伞

没过多久女儿又会送来热饭

孔胜东制作了城市地图

挂在车厢里　每到一站大声提醒

向外地乘客介绍这座美丽的城市

他还准备了晕车药

为了守护全体乘客的一路平安

在孔胜东的榜样作用下

文明礼貌之风吹遍了杭州

有扶摔跤老大爷的行动

有帮助突发急病患者的善举

杭州成立了志愿者自行车修理团队

成为了一座城市的标签

## “大湖鸿雁”唐真亚

大湖鸿雁唐真亚是一个邮递员
是信件汇款报纸杂志
是 50 多个大小滩头的来往交流
唐真亚又开辟了水上邮路
可以带盐　帮助行动不便的居民
可以带路　如一只快艇
早上 6 点分拣邮件
7 点半就起身驾船出发

为了投递一封高考录取通知书
唐真亚被礁石剥去衣服
被水浪撕破裤子　而邮包却保存完好

当唐真亚从邮包里取出录取通知书

学子感动得热泪盈眶

老山镇南路口的居民不识字

唐真亚代写书信

义务给他讲解信件内容

有一天　唐真亚发现他斜倚床边　不醒人事

急忙把他送到医院并垫付了医药费

挽救了他的生命

学校门卫告诉唐真亚

自己寻找战友二十几年了

还是石沉大海

唐真亚把查无此人的信件

当作心里的挂牵

从未放弃打听关于他的消息

有一天　唐真亚牵着一个老人

找到了学校的门卫

久别重逢的两位战友

流下了喜悦的泪水

## 社区主任吴栋材

田里的庄稼变成了一幢幢楼房

村庄进入了社区生活

吴栋材就像旋转的陀螺

不断地研究如何让居民融入现代社会

用心地琢磨如何缩短城乡差距

虽然要走很长的路

但要一步一步地来

就像搓麻绳

得一手一手地搓

从提高居民文化入手

通过家乡锡剧《珍珠塔》里的社区主任

讲珍珠塔里的故事

李二哥笑得前仰后翻

张三嫂笑得喜泪长流

吴栋材和锡剧的开场锣鼓一起

建起了爱心互助一条街

帮助孤寡老人打扫卫生

建起便民站

在文化室　有上网冲浪的居民

有鼠标点击的开心农场

还有手机录制的一段段小视频

为了免除外出打工家庭的麻烦

吴栋材办起了便民餐厅

后来成为居民议事厅

商议的内容有居民的经济利益

还有居民的各种需求

进入城镇的居民的经济来源也让吴栋材很费脑筋

他想到了荒芜山坡

想到自己可以带领居民挖塘蓄水

依靠养鱼

搞活社区经济

依靠喂猪

改善社区条件

这位卷起裤腿卷起衣袖的社区主任

带领居民办起玉石厂引进切割机

看到居民的生活越来越好

他的脸上笑开了花

## | “微笑使者”杨苗苗

驾驶公交车的杨苗苗

一张笑脸为乘客带来极佳的乘车体验

有老人上车

她会轻声提醒

抓好扶手以免摔倒

有孕妇上车

她也不忘表扬让座的年青人

用她的热情与微笑　让外地游客知道这是蚌埠

杨苗苗利用业余时间

沿着所驾驶公交车经过的站点

走街串巷考察旅游线路

以便自己在工作时向外地游客介绍蚌埠这座城市

花鼓灯被赞为东方芭蕾

是汉民族舞蹈艺术的精髓

还有龙子湖风景区　山水相依

湖东的曹山绵延如龙

相传曹操在此屯兵

淮河支流龙子河流经此地

相传明太祖朱元璋曾在此撑船

船篙落水化为一条龙

杨苗苗发现蚌埠的外国朋友多了

他们问路时自己或答非所问或一脸茫然

于是这位“微笑天使”开始恶补外语

让美国游客在街心花园找到地标

在淮河大桥上留影

让法兰西客人在蚌埠多住几天

# 肾脏衰竭者徐其军

山村学校如一座孵育室

孵出星星和月亮

孵出某个早晨的一片云彩

培养孵育室的徐其军

是肾脏衰竭者

他站在山中

看到云彩飘过大山扬起一片彩虹

带动了摇曳的辽阔树林

在孵育室里　有鸡鸣响彻

有飞鸟叽叽喳喳

山上的柿子红了

就像新娘红艳艳的圆脸

从作业本里钻出来的徐老师

折叠出一只只纸鸢

一只脚踏进了婚姻红地毯

另一只脚被体检表拦在门外

被查出患病的那天下午

爱神放弃了所有以往　说走就走了

如宫殿里飘着一片枯叶

如红地毯吐了一口鲜血

徐老师抱着教科书走上讲台

粉笔在黑板上飞快地移动

如一片纯净的梨花

最后变成一朵朵白云飞出孵育室

孵育室的读书声如一群喜鹊的叫声令他满心欢喜

学生的积极发言　听得他红光满面

在学生的作文评语里

徐其军写下了一段段喜悦的句子

左边山外青山　右边绿野阡陌

那是这个最美乡村教师的强大力量

## | 铿锵玫瑰潘琴

凹凸有致的身材是街心花园的女神雕塑

是深夜蹲点的一头短发

埋伏的巷道是发梢上的柳叶

身穿花格子衬衫的盗者蹿出来

在月影里窃笑时　被潘琴锁喉抱腰摔翻在地

他惊慌失措地嘴啃石头　面露惧色

戴上手铐后他知道了眼前的女子是位警察

曾有一天潘琴蹲坑守候到凌晨两点

一阵狂飙冲向了抢劫现场

踢飞了一个黑影砍来的霹雳飞刀

躲过黑影打来的射钉枪

面对嫌疑犯叫嚣说鱼死网破

她闪身扑向嫌疑犯的持枪右手

控制嫌疑犯的持刀左手

用双风灌耳的招式

放倒了五大三粗的嫌疑犯

嫌疑犯立刻像彻底熄火的黑夜

铿锵玫瑰接到任务　嫌疑犯劫持了男孩

索要一百万赎金才肯释放人质

被劫持男孩的身上绑着爆炸物

铿锵玫瑰装成痛不欲生　披头散发的母亲

痛哭着走三步退两步哀求嫌疑犯　别伤了男孩

并哆嗦地的抖动提包　指指赎金

当嫌疑犯左手接钱　右手离开遥控器

铿锵玫瑰立刻扣动手枪

瞬间制伏了嫌疑犯

## 郑书明与爱心旅馆

帮助贫困学生　郑书明伸出援手

爱心旅馆其实要打上引号

那只是一个工棚　陆续住了 300 个学生

有人称爱心旅馆是一棵大树

离校近的学生拿着饭碗来吃饭

离家远的学生则起来搭铺睡觉

郑书明对贫困学生一直非常慷慨

而他其实也是一个打工者　并不是老板

妻子为此离开了他

而郑书明并未后悔

没有文化的他知道

一时的贫困不等于永远

一时的卑微并非永不会改变

他把爱心旅馆作为贫困学生临时的一个家

并相信这些孩子定会拥有光明的未来

维持爱心旅馆的正常运转需要资金支持

郑书明只得到处筹款

忘不了摸黑山道的荆棘草丛

还记得在外面露宿一夜时的那片星空

他还搞起了副业

为渝鄂两镇煤矿修理磅秤

为了节省开支多多补贴孩子

郑书明总是从自己牙缝中省钱

在爱心旅馆里　有几块木板搭床

有很多的沙发床垫

为贫困学生带来了家的温暖

## | 现代超人张学睿

进入税务局工作之前的张学睿

是一个税盲　是一个军嫂

是双胞胎儿子的母亲

立志投身税务工作的张学睿开始恶补税务知识

每天学到很晚　完全不顾困倦

《中国税制》与《会计基础》已被她翻了无数遍

当圆月已经模糊不清

乌云重影地打着一串呵欠

天空朦胧地发亮了

张学睿一直未放弃对知识的渴求

正如闻一多的那句：莫问收获但问耕耘

努力为厚积薄发的她打开了一扇窗

运用税务法则　追回国家流失的税款

让一束光抵达了远方

她发现狡猾的避税者

像混浊的雾霾　遮挡了税务工作者的视线

拨开云雾的她认真分析流水账

有的被重新分割

有的呆账是不是真的傻了

死账有没有复活迹象

张学睿把金融法规视为兄弟姐妹

与它们朝夕相处

记住了每一条金融法规

运用得极其熟练

成为税务稽查骨干的现代超人

她虽然取得了成绩　但生活仍按部就班

还是清晨 5 时的闹铃声

6 点半的农贸市场

7 点半的公交车

还有上班打卡的准时钟点

## 居委会主任刘庆鸯

只是农转非的居委会主任

刘庆鸯组建产业 + 公司的模式

以生产基地作为中心

运用金融杠杆撬动产品的平台

调整结构　注册了海源物流中心

把当地的南山寿果挂在网上

销售的速度比以前快了许多

刘庆鸯创办的海源物流信息中心

不是单纯的快递公司

而是一个米字形的结构网络

运输海南杧果到了哈尔滨太阳岛

成为旅游旺季的抢手货

海南榴梿跑进山东蓬莱仙境

完成了最好的一次牵手

海南腰果不再是北京香山的游客

主动与红叶一起聊天

不满足现状的刘庆鸯

加大了无公害水产品的养殖力度

加强了对无公害蔬菜基地的培养

修建了南山宾馆　站在迎宾大道上

南山宾馆如海南岛的女儿

眉睫依依　大海凝眸

像椰梦的天然画卷

这位居委会主任非常看好冷冻储存的发展

把海南岛的鲜果摘下来　在反季节上市销售

越过琼州海峡

送到江南雨巷　送到白山黑水

通过海关送到国外

她也成为了海南省农村致富带头人

# 陆兰军：无悔坚守

在中越边境上的高山尖峰岭
有一座对影成三人的边防哨所
陆兰军就是月朗星稀的闪光身躯
绕树三匝　仰望星空何枝可依
乌鹊南飞　疑似遥远银河
身穿迷彩服的他
在陡峭的山路迎接东方鱼肚白

灌满守望者汗水和鲜血的尖峰岭
是无悔坚守的三百六十五天
患有风湿性关节炎的他双脚犹如绑上了铅块
一阵剧痛影响到腰部

如返潮的房屋哨所

无悔坚守如透水的墙体

骨头如房屋的倾斜支架

眼睛仿佛是损坏的门窗

又传来咳嗽声

陆兰军的身体

像严重变形的屋檐

几十年来　陆兰军一家三代无悔坚守在尖峰岭

第一代的爷爷与毒蛇成为朋友

叮嘱毒蛇多吃老鼠保护生态

第二代的爸爸与蜈蚣谈心

告诉蜈蚣不得侵犯哨所

陆兰军是第三代的守卫者

当他与蚂蟥擦肩而过

都会回头看看会不会与它再一次相遇

或许它会成为自己以后的朋友

## 警界智星刘奕鹏

暗夜里手电筒的光亮
如放心睡觉的关切话语
刘奕鹏摘掉了西关社区不安全的帽子
在拐角处装上监控设备
截获了作案小偷到手的现金
善用瓮中捉鳖的警界智星刘奕鹏
把盗者喻为老鼠
故意放出张婆婆外出的消息　张开诱饵的大网
盗者老鼠凌晨作案
钻进刘奕鹏设计的笼子
他还顺藤摸瓜捉住了作恶多端的鼠爷

刘奕鹏是西关社区的青石小巷

是小哨子　大喇叭的提醒

安装了天眼工程　组织巡逻联防队

定时定点在理发室埋设了眼线　一个理发员

有一天　刘奕鹏接到眼线通报

理发室进来了陌生人

眼神不对　像做贼心虚

刘奕鹏比对协查通报嫌疑犯的照片

模样虽有变化但轮廓相似

于是他让理发员施计　布置捉拿方案

在青石巷使绊　在河边张网

拿下了通缉的嫌疑犯

把西关社区划成方块的刘奕鹏

每个方块治安有几道防线

并发展了不少情报人员

只要陌生人进入社区便及时上报

有危险情况立刻报警

随时反映情况的西关社区成为联防模范

## 护林员刘真茂

怀着远大的梦想走出大山　怀着守卫的忠诚回到大山
一轮明月山间的刘真茂
一双长筒胶鞋是每天的坚韧不拔
一双大眼睛是每天的巡山记录
35 万亩的原始森林　有高山草甸
有瀑布飞泉的一串串珠涟
护林员在石房的墙壁
贴上一篇篇昂扬斗志的格言警句
把一颗红心放在里面

护林员守卫的 35 万亩原始森林
横跨湘粤赣的三省四市

有珍稀树种　成为盗者想吃的唐僧肉
一个个盗者像妖怪
如一片雾藏在桫椤树里
如一阵雨躲进黄梨树中
盗者斧劈的红椿木流血不止
盗者砍光的银杉已是冰冷光阴
崖柏处于喘息深渊
护林员大吼一声
如果没有森林
长策乡就被冬天覆盖
长策乡就失去了金山银山

护林员果断请缨　住进大山
住进沾满星斑的石房里
孤单寂寞时　护林员唱起了部队军歌
吃着自己种植的蔬菜瓜果
喝着自己制作的苞米酒
一棵棵树木如护林员的一支支香烟
云雾缭绕　就像妻子的询问
苦不苦　累不累　想不想家

## 送水人潘兴华

遇上特大旱灾的黔东南黄平县黄飘乡
负责指挥的潘兴华眉头紧皱
几十天不下雨了　耕牛渴得死去活来
干裂的土地张开嘴巴
庄稼也都失去了生气
在山道上　潘兴华指挥送水车
一趟趟送去希望的甘泉
一趟趟送去生活的水源

李三寨村庄刚刚起床　还没有洗脸刷牙
送水人的车辆已到了槐树
在狗叫声中　李三寨感动得不知说什么才好
公鸡扯开了嗓门　打鸣儿

潘兴华把水送到睡梦中的白记村
心怀感激的白记村丈量着弯曲山坡
一行行车印是送水人的柔情
一行行车印是送水人的爱心
路途遥远位置最高的屯上村
也未被送水人遗忘
他坚持送水到了山顶
村民感动得泪如雨下
而送水人则累得满头大汗
半天才缓过来气

为了多送水　送水人装上重量级水袋
在窄窄的弯道
送水车的后厢突然跃起
摔下了 30 多米的高山
送水人被卡在驾驶室的方向盘里
53 岁的心脏停止了跳动
乡民们自发地为送水人送行
哭天抢地　痛不欲生

## 普法干部刘玉美

重庆江北区铁山坪街道的司法所长
生命的时钟停在了 46 岁
刘玉美积劳成疾不幸去世
让铁山坪街道难过得无法形容
有一个小伙子立即跪下　痛不欲生
这个小伙子原是偷窃的一个惯犯
是刘玉美教育转化的重点对象

刘玉美成功调解了好多纠纷
为一条沟渠　几个村庄起了纷争
双方之间火药味十足
疏导村庄亲属关系的刘玉美

天亮时是李家的黎明

天黑时是张家的一盏灯

找出纠纷的原因是双方都想占便宜

刘玉美苦口婆心地说手心手背都是肉

山水一家亲　打断骨头连着筋

以心交心以情会情

纠纷化成村庄的和解笑容

在铁山坪街道的刑释解教人员

也是刘玉美牵挂的对象

感化他们　为残疾老人打扫卫生

关怀他们的求职内心

让干涸的山峦长出树木

让荒芜的河流飘动云彩

一滴滴汗水化为元宵节的灯笼

挂在刑释解教人员的屋檐下

刘玉美为他们介绍工作

刑释解教人员在她的感召下

都争分夺秒地追赶被自己浪费掉的青春

## 老党员彭秀英

面对突如其来的滚滚车轮

面对睁着鼓眼的钢铁洪流

彭秀英奋不顾身推开了 3 岁男童

钢铁洪流把老党员卷进车轮

46 年的党龄　上前一步是牺牲

后退一步就是活着

在生死天平上　老党员以抢救男童的名义

践行了一句句入党誓词

这是 2011 年 5 月 26 日上午 11 时

目睹救人全部过程的 3 岁男童外婆

当疾驰的钢铁洪流吞没外孙时

吓呆了的外婆犹如木偶动弹不得

在一旁的一个身影　迅速反应

老党员的英雄壮举

吸引了一条街的门面商店

公安交警根据刹车印迹

测出了老党员救人的速度

百米冲刺上演了真实版的生死大片

1966 年　彭秀英领到红彤彤的党费证

党旗下攥紧了宣誓的拳头

当时就组织村民抓生产

冒险为生产队办起了养猪场

让村民增加工分　担任队长的老党员

是早出晚归的脏活累活

是雷雨之夜的排水沟

天晴时　填平低洼的路凹

把通车公路修到了村庄